Heinrich Böll
Eine Bibliographie seiner Werke

Bibliographien zur deutschen Literatur

2

Heinrich Böll
Eine Bibliographie seiner Werke

Herausgegeben von

Werner Martin

1975

Georg Olms Verlag
Hildesheim · New York

Heinrich Böll

Eine Bibliographie seiner Werke

Herausgegeben von

Werner Martin

1975

Georg Olms Verlag

Hildesheim · New York

© Georg Olms, Hildesheim 1975
Alle Rechte vorbehalten
Printed in Germany
Umschlaggestaltung: Paul König, Hildesheim
Herstellung: Strauss & Cramer GmbH, 6901 Leutershausen
ISBN 3 487 05744 1

Herrn

Herrn Martin

 in Bewahrung des Schrifttums

der Nobelpreisträger in Lichten

in herzlichem Dank

Heinrich Böll

19.2.74

I N H A L T

Teil-Inhalt: Wichtige Werke

Einleitung

Diese Bibliographie möchte in aller Bescheidenheit anderen
Bibliographien gegenüber, die aus guten Gründen nach buch-
händlerischen und bibliothekarischen Gesichtspunkten ange-
legt worden sind, eine willkommene Ergänzung sein. Sie un-
terscheidet sich dadurch, daß sie an Stelle der Einteilung

a) in Buchausgaben, Beiträgen in Periodica und Antholo-
   gien, Gesamtausgaben und Übersetzungen oder
b) in Romane, Erzählungen, Hörspiele, Aufsätze, Lyrik,
   Theaterstücke u.a.m.

die einheitliche chronologische Ordnung für das gesamte
schriftstellerische Schaffen anwendet und sich als Bio-
Bibliographie verstanden wissen möchte.

Daß es sich dabei um e i n e   e f f e k t i v e   E r -
g ä n z u n g handelt, wird u. a. durch den Aufbau des
Hauptteiles dieser Bibliographie und dadurch deutlich, daß
diesem Hauptteil beigegeben sind

1. eine chronologische Titel-Übersicht, die ohne biblio-
   graphisches Beiwerk im voraus informiert und die
   Bibliographie-Nummern nachweist,
2. ein m. W. e r s t m a l i g e s alphabetisches
   Titel-Verzeichnis einschließlich hinweisbezogener
   Nebentitel und Personennamen, das in vielfacher Be-
   ziehung den Bedarf an Auskünften erleichtert,
3. ein Schaubild "Heinrich Böll's Werke in Übersetzungen",
   das die weltweite Wirkung Bölls deutlich macht.

Im Bibliographie-Hauptteil werden alle erstveröffentlichten
Titel (vom großen Roman bis zur kleinsten Skizze und jeder
Inhalts-Einzeltitel aus Sammelbänden) als selbständige bibliographische Einheiten behandelt, denen unter- bzw. nach-
geordnet werden: Nachdrucke, Auszüge, Bearbeitungen, Böll-
Aussagen, deutsche Auslands-Ausgaben und Übersetzungen.
Deutsche und fremdsprachige Sammel-Bände werden als allein-
stehende bibliographische Einheiten behandelt, wobei beson-
derer Wert darauf gelegt wird, sie ausnahmslos mit ihrem
vollständigen Inhaltsverzeichnis zu versehen oder auf ein
solches an anderer Stelle der Bibliographie vorhandenes zu
verweisen. In diesen Inhaltsverzeichnissen konnte darauf
verzichtet werden, bei jedem Einzeltitel auf die entspre-
chende BNr. Bezug zu nehmen, da diese Aufgabe durch das alphabetische Titel-Verzeichnis erfüllt wird. Die Einzeltitel
werden, abweichend von ihrer ursprünglichen Reihenfolge, al-
phabetisiert. Hier wie anderswo sind von der Alphabetisierung ausgeschlossen die Artikel "Der, Die, Das" und die Vornamen zu Personennamen. Die schwierige Titel-Registrierung
fremdsprachiger Sammel-Bände wurde deutschsprachig in der
Form erleichtert, indem als Titel-Anfang z. B. "Schwedischer
Sammel-Band" verwendet wurde. Dieser im alphabetischen Titel-
Verzeichnis zunächst alleinstehend verwendete Titel-Anfang
wird dann im Hauptteil der Bibliographie entsprechend erwei-
tert: "Schwedischer Sammel-Band u.d.T. 'Doktor Murkes oamlade
tystnad och andra satirer'" (BNr.192).

Die chronologische Ordnung der Bibliographie wird durch das
Datum der Erst-Veröffentlichung bestimmt. Erst-Veröffentlichung bedeutet erste Konfrontierung mit der Öffentlichkeit,
und das ist nicht immer eine Buch-Erstausgabe, sondern kann
auch eine Erst-Aufführung, ein Zeitungsartikel oder eine
Rede sein. Deshalb wird u. a. im Falle der "Frankfurter Vorlesungen" (BNr. 262) vom Jahr der Vorlesung (1964) und nicht
vom Jahr der Buch-Erstausgabe (1966) ausgegangen.

Als Q u e l l e n m a t e r i a l benutzte ich dankbar
die bedeutende von W. Lengning herausgegebene Grundlagen-
Bibliographie in "Der Schriftsteller Heinrich Böll" (Deutscher Taschenbuch Verl., München, April 1972, 3. Aufl., dtv 530).
Besonders zu danken habe ich auch der Hessischen Landes- und
Hochschulbibliothek Darmstadt für ihre sehr mühevolle Unter-
stützung und dem Verlag Kiepenheuer und Witsch, Köln, für
seine bereitwilligen Auskünfte. Weiteres Quellenmaterial: Die
"Deutsche Bibliographie", Frankfurt, sowie eigene Ermittlungs-
belege, die ich deutschen und ausländischen Bibliotheken,
Rundfunkanstalten und anderen Befragten verdanke.

Die vorliegende Bibliographie will durch ihre besondere Form
schnell und ergiebig Fragen beantworten, wie sie vom Allge-
meininteresse einer großen Leserschaft und vom Spezialinter-
esse Studierender erwartet werden können; deshalb: Für jeden
Titel alles auf einen Blick und optimal schnell mit Hilfe des
alphabetischen Titel-Verzeichnisses. Zusätzlich wurden typo-
graphische Möglichkeiten der Schreibmaschine genutzt, um eine
übersichtliche Gliederung des Stoffes und schnell erfaßbare
Information zu bieten.

Werner Martin   Osnabrück, Sommer 1973

A b k ü r z u n g e n

A	= Aufsatz	G	= Gedicht
BNr.	= Bibliographie-Nummer	H	= Hörspiel
Br.	= Brief	IG	= Interview / Gespräch
E	= Erzählung	i.V.	= in Vorbereitung
En.	= Erzählungen	KRB	= Kritik / Rezension /
EV	= Erst-Veröffentlichung		Besprechung
EVR	= EV durch Rede	R	= Roman
	oder Rundfunk	RAV	= Rede / Ansprache /
EVZ	= EV durch Zeitung		Vortrag / Vorlesung
	oder Zeitschrift	RB	= Rundfunk-Beitrag
EVB	= EV durch Buch, Brosch.	SBd.	= Sammel-Band
	oder Buch-Beitrag	T	= Theaterstück
F	= Feuilleton	u.d.T.	= unter dem Titel
FSB	= Fernseh-Beitrag	Ü	= Übersetzer

Chronologische Titel - Übersicht
zur Heinrich-Böll-Bibliographie

Die chronologische Ordnung wird, wie in der Einleitung bereits erwähnt, durch das Datum der Erst-Veröffentlichung
bestimmt. Wo zur Jahreszahl nähere Angaben nicht ermittelt
werden konnten, sind die Titel am Ende des jeweiligen
Jahres-Abschnittes aufgeführt. Wird von dieser Einordnung
abgewichen (wie z. B. bei Nr. 53 und 123), so lagen hierfür
besondere Anhaltspunkte vor. - Führen gleiche oder durch
Überarbeitung fast gleiche Inhalte verschiedene Titel, so
wurde derjenige als Haupttitel verwendet, der u. a. durch
Verwendung in Sammelbänden als solcher zu erkennen war.
Die Haupttitel sind stets die erstgenannten, nicht aber
immer gleichzeitig die erstveröffentlichten (vergleiche
Nr. 178: Monolog eines Kellners). Vorhandene weitere Titel
werden, dem Haupttitel folgend, lediglich aufgezählt, um
schnell und allgemein zu informieren; ihre näheren Zusam-
menhänge können im alphabetischen Titel-Verzeichnis und
im Hauptteil der Bibliographie festgestellt werden.

		BNr.
03.05.1947	Aus der Vorzeit. (E)	1
Aug.1947	Die Botschaft. (E)	2
13.09.1947	Der Angriff. (E)	3
Nov.1947	Kumpel mit dem langen Haar. (E)	4
April 1948	Der Mann mit den Messern. (E)	5
Juli 1948	Wiedersehen in der Allee. (E)	6
1949	Der Zug war pünktlich. (E)	7
Febr.1950	Kerzen für Maria. (E)	8
	Die Kerzen.	
26.02.1950	An der Brücke. (E)	9
	Ich sitze da und zähle sie alle ...	
	Die ungezählte Geliebte.	
Nov.1950	Wanderer, kommst du nach Spa ... (E)	10
Nov.1950	Wanderer, kommst du nach Spa ... (SBd.)	11
Nov.1950	Abschied. (E)	12
Nov.1950	An der Angel. (E)	13
Nov.1950	Auch Kinder sind Zivilisten. (E)	14
Nov.1950	Aufenthalt in X. (E)	15
Nov.1950	Damals in Odessa. (E)	16
Nov.1950	Die Essenholer. (E)	17
Nov.1950	Geschäft ist Geschäft. (E)	18
Nov.1950	In der Finsternis. (E)	19
Nov.1950	Lohengrins Tod. (E)	20
Nov.1950	Mein teures Bein. (E)	21
Nov.1950	Mein trauriges Gesicht. (E)	22
Nov.1950	So ein Rummel. (E)	23
Nov.1950	Steh auf, steh doch auf. (E)	24
	Licht im Labyrinth.	
Nov.1950	Trunk in Petöcki. (E)	25

Alphabetisches Titel-Verzeichnis
zur Heinrich-Böll-Bibliographie

In diesem Verzeichnis sind zusätzlich aufgenommen und mit
entsprechenden Hinweisen versehen alle außer dem Haupt-
Titel vorkommenden Neben-Titel (siehe Vorbemerkung zur
chronologischen Titel-Übersicht), die Titel zu Werkauszü-
gen und die mit einem Titel in Verbindung stehenden Personennamen. Letzteres ergibt sich u.a. bei von Böll ge-
schriebenen Vorwörtern und Buchbesprechungen sowie bei
seinen Gesprächen. Die verwendeten Hinweis-Nummern (s.Nr.)
und Bibliographie-Nummern (BNr.) entsprechen einander; sie
sind der Schlüssel für den Hauptteil der Bibliographie.
Das alphabetische Titel-Verzeichnis schließt, wie bereits
in der Einleitung erwähnt, die Artikel "Der, Die, Das" und
die Vornamen zu Personennamen von der Alphabetisierung aus.

Tun wir den Lorbeer in die Suppe. (s.Nr. 398 / Auszug)

Zu dem hier folgenden Hauptteil der Heinrich-Böll-
Bibliographie ist alles Wesentliche in der Einleitung
zur Gesamt-Bibliographie nachzulesen, u. a. auch die
Abkürzungen für die jeweilige Art der schriftstelleri-
schen Arbeit, die in allen drei Teilen der Bibliographie einheitlich angewendet werden. Hinzuzufügen wäre,
daß bei "Deutsche Auslands-Ausgaben" für die Länder
und bei "Übersetzungen" für die Sprachen die alphabetische Ordnung aus vorrangigen Gründen der Übersicht
gewählt wurde. - Das Übersetzungs-Werk Annemarie und
Heinrich Böll's wurde, alphabetisch nach Verfasser-
namen geordnet, in einem Anhang zu dieser Bibliographie registriert.

Ü b e r s e t z u n g e n

Bulgarisch
1968 im SBd. der BNr. 385. . . . . 2.20

Dänisch
1967 im SBd. der BNr. 352. . . . . 2.21

Englisch
1956 im SBd. der BNr. 104. . . . . 2.22
1970 "   "   "   "   470. (USA) 2.23

Estnisch
1958 im SBd. der BNr. 140. . . . . 2.24

Finnisch
1965 im SBd. der BNr. 302. . . . . 2.25

Französisch
1958 im SBd. der BNr. 141. . . . . 2.26

Georgisch
1964 im SBd. der BNr. 276. . . . . 2.27

Italienisch
1961 im SBd. der BNr. 214. . . . . 2.28

Niederländisch
1964 im SBd. der BNr. 278. . . . . 2.29
1969 "   "   "   "   430. . . . . 2.30

Norwegisch
1970 im SBd. der BNr. 471. . . . . 2.31

Polnisch
1959 im SBd. der BNr. 162. . . . . 2.32

Portugiesisch
1970 im SBd. der BNr. 472. . . . . 2.33

Russisch
1957 im SBd. der BNr. 119. . . . . 2.34

Tschechisch
1959 im SBd. der BNr. 164. . . . . 2.35

Ukrainisch
1969 im SBd. der BNr. 432. . . . . 2.36

Ungarisch
1965 im SBd. der BNr. 305. . . . . 2.37

Der Angriff. (E)

EVZ
1947 (13.9.) in 'Rheinischer Merkur', Köln/Koblenz. . 3

Kumpel mit dem langen Haar. (E)

EVZ
1947 (Nov.) in 'Karussell', Kassel. 4.1

1950 (EVB) im SBd. der BNr. 11. . . . . 4.2
1958 im SBd. der BNr. 137. . . . . 4.3
1961 "   "   "   "   210. . . . . 4.4
1963 "   "   "   "   244. . . . . 4.5
1963 "   "   "   "   245. . . . . 4.6

```
1963 in "Deutsche Liebesgeschichten
     aus sechs Jahrhunderten".
     Leipzig: Reclam (2. Auflage). 556 S.           4.7
1966 im SBd. der BNr. 324. . . . . . . . . . . .    4.8
1967  "   "    "   "  348. . . . . . . . . . . .    4.9
1967  "   "    "   "  349. (3.Bd.) . . . . . . . .  4.10


Ü b e r s e t z u n g e n

Bulgarisch
1968 im Sbd. der BNr. 385. . . . . . . . . . . .    4.11

Dänisch
1967 im SBd. der BNr. 352. . . . . . . . . . . .    4.12

Englisch
1956 im SBd. der BNr. 104. . . . . . . . . . . .    4.13
1970  "   "    "   "  470. (USA) . . . . . . . .    4.14

Französisch
1967 im SBd. der BNr. 354. . . . . . . . . . . .    4.15

Italienisch
1961 im SBd. der BNr. 214. . . . . . . . . . . .    4.16

Niederländisch
1964 im SBd. der BNr. 278. . . . . . . . . . . .    4.17
1969  "   "    "   "  430. . . . . . . . . . . .    4.18

Polnisch
1959 im SBd. der BNr. 162. . . . . . . . . . . .    4.19

Portugiesisch
1970 im SBd. der BNr. 472. . . . . . . . . . . .    4.20
```

Der Mann mit den Messern. (E)

```
EVZ
1948 (April) in 'Karussell', Kassel. . . . . . . .   5.1

1950 (EVB) im Sbd. der BNr. 11. . . . . . . . .      5.2
1956 im SBd. der BNr. 101. . . . . . . . . . . .     5.3
1956 in "Unsere Zeit". Die schönsten deutschen
     Erzählungen des 20. Jahrhunderts.
     Köln: Kiepenheuer & Witsch. 524 S.   . . . .    5.4
     (1961: 2. Auflage)
1957 in "Deutsche Erzähler des 20. Jahrhunderts".
     Berlin: Neues Leben. 432 S. (Bd. 2)   . . . .   5.5
1958 im SBd. der BNr. 134. . . . . . . . . . . .     5.6
1958  "   "    "   "  137. . . . . . . . . . . .     5.7
1958  "   "    "   "  138. . . . . . . . . . . .     5.8
1959  "   "    "   "  143. . . . . . . . . . . .     5.9
1960 in "Das Erlebnis der Gegenwart".
     Deutsche Erzähler seit 1890.
     Stuttgart: Steinkopf. 744 S. . . . . . . . .    5.10
     (1961: 2. Auflage)
1961 im SBd. der BNr. 210. . . . . . . . . . . .     5.11
1961  "   "    "   "  211. . . . . . . . . . . .     5.12
1963  "   "    "   "  244. . . . . . . . . . . .     5.13
1963  "   "    "   "  245. . . . . . . . . . . .     5.14
```

Dänisch
1967 im SBd. der BNr. 352. . . . . 5.35

Englisch
1956 im SBd. der BNr. 104. . . . . 5.36
1960 in "Great german short stories".
   New York. (Ed.: Stephen Spender) 5.37
1965 im SBd. der BNr. 299. . . . . 5.38
1970 "   "   "   "   470. (USA) 5.39

Finnisch
1965 im SBd. der BNr. 302. . . . . 5.40

Französisch
1958 im SBd. der BNr. 141. . . . . 5.41

Georgisch
1964 im SBd. der BNr. 276. . . . . 5.42

Italienisch
1961 im SBd. der BNr. 214. . . . . 5.43

Niederländisch
1958 im SBd. der BNr. 142. . . . . 5.44
1964 "   "   "   "   278. . . . . 5.45
1969 "   "   "   "   430. . . . . 5.46

Norwegisch
1970 im SBd. der BNr. 471. . . . . 5.47

Polnisch
1959 im SBd. der BNr. 162. . . . . 5.48
1967 "   "   "   "   356. . . . . 5.49

Portugiesisch
1970 im SBd. der BNr. 472. . . . . 5.50

Serbokroatisch
1969 im SBd. der BNr. 431. . . . . 5.51

Slowakisch
1965 in "Dni a noci nemecka (Nemecká poviedka
   XX. storočia)". Ü: Perla Bžochová.
   Bratislava. (S. 20-30;"Muz s nozmi") 5.52

Spanisch
1961 (Jan.) in "Eco. Revista de la cultura de
   occidente", Tom. II/3. S. 272 - 286:
   "El hombre de los cuchillos". Bogota. 5.53

Tschechisch
1959 im SBd. der BNr. 164. . . . . 5.54

Ukrainisch
1969 im SBd. der BNr. 432. . . . . 5.55

Ungarisch
1957 "A késes ember". Ü: Ference Szolcsányi.
   In 'Nagyvilág', Budapest, Nr.7. S.1011-1018. 5.56
1958 "A késes ember"/"Der Mann mit den Messern".
   (Ungarisch/Deutsch). Ü: Ference Szolcsányi.
   Budapest: Terra. 36 S. 5.57
   (Paralleldruck: Kétnyelvü Kis Könyvtár, 34)
1965 im SBd. der BNr. 305. . . . . 5.58

<u>Wiedersehen in der Allee.</u> (E)

EVZ

<u>1948</u> (Juli) in 'Literarische Revue', München. 6.1

<u>Der Zug war pünktlich.</u> (E)

EVB
<u>1949</u> Opladen: Middelhauve. 145 S. 7.1

<u>An der Brücke.</u> (E)

EVZ
<u>1950</u> (26.2.) u.d.T. "Ich sitze da und zähle sie alle."
in 'Sonntagsblatt', Hamburg. 9.1
1950 (EVB) im SBd. der BNr. 11. . . . . 9.2
1956 im SBd. der BNr. 101. . . . . 9.3
1957 u.d.T. "Die ungezählte Geliebte" in
'Kurier', Düsseldorf. Nr. 1/2: Februar. . . 9.4
1958 u.d.T. "Die ungezählte Geliebte".
Zollikofen: Quervain. 8 S. Privatdruck. . . 9.5
1958 im SBd. der BNr. 134. . . . . 9.6
1958 "   "   " 137. . . . . 9.7
1958 u.d.T. "Die ungezählte Geliebte" in 'Deutsch
für Ausländer', 3 a Moderne Dichtung.
Essen: Kessler. 112 S. 9.8
1960 u.d.T. "Die ungezählte Geliebte"
in 'Moderne Erzähler'. 10.
Paderborn: Schöningh. 65 S. 9.9
(1962: Neuausgabe)
1961 im SBd. der BNr. 210. . . . . 9.10
1961 "   "   "   " 211. . . . . 9.11
1963 "   "   "   " 244. . . . . 9.12
1963 "   "   "   " 245. . . . . 9.13
1966 "   "   "   " 324. . . . . 9.14
1967 "   "   "   " 348. . . . . 9.15
1967 "   "   "   " 349. (3.Bd.) 9.16
1970 in 'Kompaß'. Ein Lesewerk. 9.-11.Schuljahr.
Paderborn: Schöningh. 392 S. 9.17
1971 in 'Schwann Arbeitsbuch
Literatur für Realschulen'. 8.
Düsseldorf: Schwann. 195 S. 9.18

Auszüge, Bearbeitungen, Böll-Aussagen

1950 (Dez.) Auszug in 'Welt und Wort', Tübingen.
(Leseprobe mit kritischem Vorspann) 9.19

Deutsche Auslands-Ausgaben

Dänemark
1963 im SBd. der BNr. 251. . . . . 9.20
1964 in 'Neuere deutsche Erzähler'. 2. Ausgabe.
Kopenhagen: Schultz. 9.21

England
1960 im SBd. der BNr. 187. . . . . 9.22
1963 "   "   "   " 252. . . . . 9.23

Frankreich
1963 u.d.T. "Die ungezählte Geliebte"
in 'Deutsche erleben ihre Zeit. 1942-1962'.
Paris: Didier. 316 S. 9.24
1967 als Auszug in 'Anthologie des auteurs allemands'. T. 2: 'La poésie allemande
de Nietzsche à Uwe Johnson'.
Paris: Colin. 282 S. 9.25

Niederlande
1960 in "Moderne deutsche Kurzgeschichten".
    Purmerend: Muusses. 71 S. 9.26

UdSSR
1958 im SBd. der BNr. 139. . . . . 9.27
1966 " "   "   "   326. . . . . 9.28
1968 " "   "   "   384. . . . . 9.29

USA
1957 im SBd. der DNr. 118. . . . . 9.30
1960 in "Spiegel der Zeit".
    Boston: Houghton Mifflin. 9.31
1964 in "Spectrum". Modern German thought in
    science, literature, philosophy and art.
    New York: Holt, Rinehard & Winston. 622 S. 9.32
1967 in "Kulturlesebuch für Anfänger". 2.Aufl.
    u.d.T. "Die ungezählte Geliebte".
    New York: The Macmillan Comp. 289 S. . . . 9.33
1970 im SBd. der BNr. 468. . . . . 9.34

Ü b e r s e t z u n g e n

Bulgarisch
1968 im SBd. der BNr. 385. . . . . 9.35

Dänisch
1967 im SBd. der BNr. 352. . . . . 9.36

Englisch
1956 im SBd. der BNr. 104. . . . . 9.37
1970 " "   "   "   470. (USA) 9.38

Estnisch
1958 im SBd. der BNr. 140. . . . . 9.39

Finnisch
1965 im SBd. der BNr. 302. . . . . 9.40

Französisch
1951 "En traversant le pont" in 'Documents',
    Paris. 6. Jg., Nr. 7/8, S. 738. . . . . . . 9.41
1958 im SBd. der BNr. 141. . . . . 9.42

Georgisch
1964 im SBd. der BNr. 276. . . . . 9.43

Italienisch
1961 im SBd. der BNr. 214. . . . . 9.44

Niederländisch
1964 im SBd. der BNr. 278. . . . . 9.45
1969 " "   "   "   430. . . . . 9.46

Polnisch
1964 im SBd. der BNr. 279. . . . . 9.47

Portugiesisch
1970 im SBd. der DNr. 472. . . . . 9.48

Türkisch
1967 im SBd. der BNr. 357. . . . . 9.49

Ungarisch
1965 im SBd. der BNr. 305. . . . . 9.50

EVZ
__1950__ (Nov.) in 'Frankfurter Hefte'.   10.1

   1950 (EVB/Nov.) im SBd. der BNr. 11. . . . .   10.2
   1956 im SBd. der BNr. 101. . . . .   10.3
   1958 "   "   "   "   134. . . . .   10.4
   1958 "   "   "   "   137. . . . .   10.5
   1958 in "Moderne Erzähler". 2: Heinrich Böll u.a.
     Paderborn: Schöningh. 94 S. 10.6
     (1965: Neuausgabe)
   1959 im SBd. der BNr. 143. . . . .   10.7
   1961 "   "   "   "   210. . . . .   10.8
   1961 "   "   "   "   211. . . . .   10.9
   1963 "   "   "   "   244. . . . .   10.10
   1963 "   "   "   "   245. . . . .   10.11
   1963 "   "   "   "   246. . . . .   10.12
   1965 in "Erfundene Wahrheit".
     Deutsche Geschichten seit 1945.
     München: Piper. 538 S. (1968: 74. Tsd.) . .   10.13
   1965 im SBd. der BNr. 299. . . . .   10.14
   1966 "   "   "   "   324. . . . .   10.15
   1967 "   "   "   "   348. . . . .   10.16
   1967 "   "   "   "   349. (3.Bd.) 10.17
   1967 in "Wie es in der Schule war".
     Heitere und besinnliche Geschichten.
     München: Goldmann. 146 S. (GGTb. 1878) . . . 10.18

Deutsche Auslands-Ausgaben

Dänemark
1963 im SBd. der BNr. 251. . . . .   10.19

Niederlande
1960 im SBd. der BNr. 189. . . . .   10.20
1960 in "Moderne deutsche Kurzgeschichten".
   Purmerend: Muusses. 71 S. 10.21

UdSSR
1958 im SBd. der BNr. 139. . . . .   10.22
1966 "   "   "   "   326. . . . .   10.23
1968 "   "   "   "   384. . . . .   10.24

Ü b e r s e t z u n g e n

Bulgarisch
1968 im SBd. der BNr. 385. . . . .   10.25

Dänisch
1967 im SBd. der BNr. 352. . . . .   10.26

Englisch
1956 im SBd. der BNr. 104. . . . .   10.27
1965 "   "   "   "   299. . . . .   10.28
1970 "   "   "   "   470. (USA) 10.29

Estnisch
1958 im SBd. der BNr. 140. . . . .   10.30

Finnisch
1965 im SBd. der BNr. 302. . . . .   10.31

Wanderer, kommst du nach Spa ... (Sammel-Band)

I n h a l t
Abschied
An der Angel
An der Brücke
Auch Kinder sind Zivilisten
Aufenthalt in X
Die Botschaft
Damals in Odessa
Die Essenholer
Geschäft ist Geschäft
In der Finsternis
Kerzen für Maria
Kumpel mit dem langen Haar
(Forts. nächste Seite)

Lohengrins Tod
Der Mann mit den Messern
Mein teures Bein
Mein trauriges Gesicht
So ein Rummel
Steh auf, steh doch auf
Trunk in Petöcki
Über die Brücke
Unsere gute, alte Renée
Wanderer, kommst du nach Spa ...
Wiedersehen in der Allee
Wiedersehen mit Drüng
Wir Besenbinder

Abschied. (E)

EVB

An der Angel. (E)

EVB
<u>1950</u> (Nov.) im SBd. der BNr. 11. . . . . 13.1

Ü b e r s e t z u n g e n

Bulgarisch

Dänisch

Englisch

Französisch

Italienisch

Niederländisch

Polnisch

Portugiesisch

Ukrainisch

Auch Kinder sind Zivilisten. (E)

EVB
<u>1950</u> (Nov.) im SBd. der BNr. 11. . . . . 14.1

Ü b e r s e t z u n g e n

Bulgarisch
1968 im SBd. der BNr. 385. . . . . 15.11

Dänisch
1967 im SBd. der BNr. 352. . . . . 15.12

Englisch
1956 im SBd. der BNr. 104. . . . . 15.13
1970 "   "   "   "   470. (USA) 15.14

Französisch
1958 im SBd. der BNr. 141. . . . . 15.15

Italienisch
1961 im SBd. der BNr. 214. . . . . 15.16

Niederländisch
1964 im SBd. der BNr. 278. . . . . 15.17
1969 "   "   "   "   430. . . . . 15.18

Polnisch
1959 im SBd. der BNr. 162. . . . . 15.19

Portugiesisch
1970 im SBd. der BNr. 472. . . . . 15.20

Tschechisch
1959 im SBd. der BNr. 164. . . . . 15.21

Damals in Odessa. (E)

EVB
1950 (Nov.) im SBd. der BNr. 11. . . . . 16.1

1956 im SBd. der BNr. 101. . . . . 16.2
1958 "   "   "   "   134. . . . . 16.3
1958 "   "   "   "   137. . . . . 16.4
1959 "   "   "   "   143. . . . . 16.5
1961 "   "   "   "   210. . . . . 16.6
1961 "   "   "   "   211. . . . . 16.7
1963 "   "   "   "   244. . . . . 16.8
1963 "   "   "   "   245. . . . . 16.9
1963 "   "   "   "   246. . . . . 16.10
1966 "   "   "   "   324. . . . . 16.11
1967 "   "   "   "   348. . . . . 16.12
1967 "   "   "   "   349. (3.Bd.) 16.13

Deutsche Auslands-Ausgaben

England
1963 im SBd. der BNr. 252. . . . . 16.14

Niederlande
1965 im SBd. der BNr. 300. . . . . 16.15

Ü b e r s e t z u n g e n

Dänisch
1967 im SBd. der BNr. 352. . . . . 16.16

Englisch
```
1956 im SBd. der BNr. 104.  . . . . . . . . . . .   16.17
1970 "   "    "    "    470.  (USA) . . . . . . . .   16.18
```

Estnisch
```
1958 im SBd. der BNr. 140.  . . . . . . . . . . .   16.19
```

Französisch
```
1967 im SBd. der BNr. 354.  . . . . . . . . . . .   16.20
```

Italienisch
```
1961 im SBd. der BNr. 214.  . . . . . . . . . . .   16.21
```

Niederländisch
```
1964 im SBd. der BNr. 278.  . . . . . . . . . . .   16.22
1969 "   "    "    "    430.  . . . . . . . . . . .   16.23
```

Norwegisch
```
1970 im SBd. der BNr. 471.  . . . . . . . . . . .   16.24
```

Polnisch
```
1959 im SBd. der BNr. 162.  . . . . . . . . . . .   16.25
```

Portugiesisch
```
1970 im SBd. der BNr. 472.  . . . . . . . . . . .   16.26
```

Tschechisch
```
1959 im SBd. der BNr. 164.  . . . . . . . . . . .   16.27
```

Türkisch
```
1967 im SBd. der BNr. 357.  . . . . . . . . . . .   16.28
```

Ungarisch
```
1965 im SBd. der BNr. 305.  . . . . . . . . . . .   16.29
```

Die Essenholer. (E)

EVB
```
1950 (Nov.) im SBd. der BNr. 11.  . . . . . . . . . . .   17.1
```
```
1956 im SBd. der BNr. 101.  . . . . . . . . . . .   17.2
1958 "   "    "    "    134.  . . . . . . . . . . .   17.3
1958 "   "    "    "    137.  . . . . . . . . . . .   17.4
1961 "   "    "    "    210.  . . . . . . . . . . .   17.5
1963 "   "    "    "    244.  . . . . . . . . . . .   17.6
1963 "   "    "    "    245.  . . . . . . . . . . .   17.7
1963 "   "    "    "    246.  . . . . . . . . . . .   17.8
1966 "   "    "    "    324.  . . . . . . . . . . .   17.9
1967 "   "    "    "    348.  . . . . . . . . . . .   17.10
1967 "   "    "    "    349.  (3.Bd.) . . . . . . .   17.11
```

Übersetzungen

Dänisch
```
1967 im SBd. der BNr. 352.  . . . . . . . . . . .   17.12
```

Englisch
```
1956 im SBd. der BNr. 104.  . . . . . . . . . . .   17.13
1970 "   "    "    "    470.  (USA) . . . . . . . .   17.14
```

Finnisch
```
1965 im SBd. der BNr. 302.  . . . . . . . . . . .   17.15
```

Georgisch
1964 im SBd. der BNr. 276 . . . . 18.19

Italienisch
1961 im SBd. der BNr. 214. . . . . 18.20

Niederländisch
1964 im SBd. der BNr. 278. . . . . 18.21
1969 "   "   "   " 430; 18.22

Norwegisch
1970 im SBd. der BNr. 471. . . . . 18.23

Polnisch
1964 im SBd. der BNr. 279. . . . . 18.24

Portugiesisch
1970 im SBd. der BNr. 472. . . . . 18.25

Russisch
1957 im SBd. der BNr. 119. . . . . 18.26

Türkisch
1967 im SBd. der BNr. 357. . . . . 18.27

Ungarisch
1965 im SBd. der BNr. 305. . . . . 18.28

In der Finsternis. (E)

EVB
<u>1950</u> (Nov.) im Sbd. der BNr. 11. . . . . 19.1

1958 im SBd. der BNr. 137. . . . . 19.2
1961 "   "   "   " 210. . . . . 19.3
1963 "   "   "   " 244. . . . . 19.4
1963 "   "   "   " 245. . . . . 19.5
1966 "   "   "   " 324. . . . . 19.6
1967 "   "   "   " 348. . . . . 19.7
1967 "   "   "   " 349. (3.Bd.) 19.8

Ü b e r s e t z u n g e n

Bulgarisch
1968 im SBd. der BNr. 385. . . . . 19.9

Dänisch
1967 im SBd. der BNr. 352. . . . . 19.10

Englisch
1956 im SBd. der BNr. 104. . . . . 19.11
1970 "   "   "   " 470. . . . . 19.12

Finnisch
1965 im SBd. der BNr. 302. . . . . 19.13

Französisch
1967 im SBd. der BNr. 354. . . . . 19.14

Italienisch
1961 im SBd. der BNr. 214. . . . . 19.15

Niederländisch
1964 im SBd. der BNr. 278. . . . . 19.16
1969 "   "   "   " 430; 19.17

Norwegisch
1970 im SBd. der BNr. 471. . . . . 19.18

Portugiesisch
1970 im SBd. der BNr. 472. . . . . 19.19

<u>Lohengrins Tod.</u> (E)

EVB
<u>1950</u> (Nov.) im SBd. der BNr. 11. . . . . 20.1

Deutsche Auslands-Ausgaben

Dänemark
1965 in "Dichter unserer Zeit". 1. Kind und Welt.

Niederlande
1965 im SBd. der BNr. 300. . . . . 20.14

UdSSR

Ü b e r s e t z u n g e n

Bulgarisch
1968 im SBd. der BNr. 385. . . . . 20.18

Dänisch
1967 im SBd. der BNr. 352. . . . . 20.19

Englisch

Estnisch
1958 im SBd. der BNr. 140. . . . . 20.22

Finnisch
1965 im SBd. der BNr. 302. . . . . 20.23

Französisch
1955 "La mort de Lohengrin" in 'Revue générale

Georgisch
1964 im SBd. der BNr. 276. . . . . 20.26

Italienisch
1961 im SBd. der BNr. 214. . . . . 20.27

Niederländisch
1964 im SBd. der BNr. 278. . . . . 20.28
1969 "   "   "   "   430. . . . . 20.29

Polnisch
1959 im SBd. der BNr. 162. . . . . 20.30

Portugiesisch
1970 im SBd. der BNr. 472. . . . . 20.31

Russisch
1957 im SBd. der BNr. 119. . . . . 20.32

Serbokroatisch
1969 im SBd. der BNr. 431. . . . . 20.33

Slowakisch
1969 "Keď sa vojna skončila" (Lohengrins Tod)
     in 'Lebo clovek hl'adá teplo .
     Bratislava. 20.34

Tschechisch
1959 im SBd. der BNr. 164. . . . . 20.35

Ukrainisch
1969 im SBd. der BNr. 432. . . . . 20.36

Ungarisch
1965 im SBd. der BNr. 305. . . . . 20.37

Mein teures Bein. (E)

EVB
1950 (Nov.) im SBd. der BNr. 11. . . . . 21.1

1956 im SBd. der BNr. 101. . . . . 21.2
1958 "   "   "   "   134. . . . . 21.3
1958 "   "   "   "   137. . . . . 21.4
1961 "   "   "   "   210. . . . . 21.5
1961 "   "   "   "   211. . . . . 21.6
1963 "   "   "   "   244. . . . . 21.7
1963 "   "   "   "   245. . . . . 21.8
1964 in "Signal". Das Buch für junge Menschen. 3.F.
     Baden-Baden: Frevert. 360 S. 21.9
1966 im SBd. der BNr. 324. . . . . 21.10
1967 "   "   "   "   348. . . . . 21.11
1967 "   "   "   "   349. (3.Bd.) 21.12

Deutsche Auslands-Ausgaben

England
1960 im SBd. der BNr. 187. . . . . 21.13
1963 "   "   "   "   252. . . . . 21.14

Japan
1963 im SBd. der BNr. 253. . . . . 21.15

UdSSR
1968 im SBd. der BNr. 384. . . . . 21.16

```
1967 im SBd. der BNr. 348. . . . . . . . . . . .   22.12
1967  "    "    "    "   349.  (3.Bd.) . . . . . . . .   22.13
1971 in "Schwann Arbeitsbuch
     Literatur für Realschulen". 8.
     Düsseldorf: Schwann. 195 S. . . . . . . . .   22.14

Auszüge, Bearbeitungen, Böll-Aussagen

1964 Auszug in "Gegenzeitung".
     Deutsche Satiren des 20. Jahrhunderts.
     Heidelberg: Rothe. 565 S. . . . . . . . . .   22.15

Deutsche Auslands-Ausgaben

UdSSR
1968 im SBd. der BNr. 384. . . . . . . . . . . .   22.16

USA
1960 im SBd. der BNr. 190. . . . . . . . . . . .   22.17

Ü b e r s e t z u n g e n

Bulgarisch
1968 im SBd. der BNr. 385. . . . . . . . . . . .   22.18

Dänisch
1967 im SBd. der BNr. 352. . . . . . . . . . . .   22.19

Englisch
1956 im SBd. der BNr. 104. . . . . . . . . . . .   22.20
1965  "    "    "    "   299. . . . . . . . . . .   22.21
1970  "    "    "    "   470.  (USA) . . . . . . .   22.22

Estnisch
1958 im SBd. der BNr. 140. . . . . . . . . . . .   22.23

Finnisch
1965 im SBd. der BNr. 302. . . . . . . . . . . .   22.24

Französisch
1955 "Mon air triste" in 'Preuves',
     Paris. 3.Jg., Nr.32 (S.41-44) Ü:J.J.Villard.   22.25
1958 im SBd. der BNr. 141. . . . . . . . . . . .   22.26

Georgisch
1964 im SBd. der BNr. 276. . . . . . . . . . . .   22.27

Italienisch
1961 im SBd. der BNr. 214. . . . . . . . . . . .   22.28

Niederländisch
1964 im SBd. der BNr. 278. . . . . . . . . . . .   22.29

Polnisch
1959 im SBd. der BNr. 162. . . . . . . . . . . .   22.30

Portugiesisch
1970 im SBd. der BNr. 472. . . . . . . . . . . .   22.31

Russisch
1957 im SBd. der BNr. 119. . . . . . . . . . . .   22.32

Schwedisch
1959 "Mitt sorgsna ansikte" in "Berömda tyska
     berättare". Ü: Karin Hybinette.
     Stockholm: Folket i Bilds Förlag. 312 S. . .   22.33
```

Tschechisch
1959 im SBd. der BNr. 164. . . . . 22.34

Türkisch
1967 im SBd. der BNr. 357. . . . . 22.35

Ungarisch
1962 "Bánatos arcom" in 'Mai német elbeszélök'.
    Budapest: Europa Verlag. 653 S.(Ü:E.Sárközy)   22.36
1962 "Az én szomoru arcom" in 'Nagyvilág',
    Budapest, 7.Jg. Nr.2. (Ü: F.Szolcsányi) . .   22.37
1965 im SBd. der BNr. 305. . . . .   22.38

So ein Rummel. (E)

EVB
<u>1950</u> (Nov.) im SBd. der BNr. 11. . . . .   23.1

1956 im SBd. der BNr. 101. . . . .   23.2
1958 "   "   "   "   134. . . . .   23.3
1958 "   "   "   "   137. . . . .   23.4
1958 in "Textsammlung moderner Kurzgeschichten".
    Frankfurt: Diesterweg. 107 S. (1969:11.Aufl.)   23.5
1958 in "Moderne Erzähler". 3.
    Paderborn: Schöningh. 97 S. (1966: Neuausg.)   23.6
1961 im SBd. der BNr. 210. . . . .   23.7
1963 "   "   "   "   244. . . . .   23.8
1963 "   "   "   "   245. . . . .   23.9
1965 in "Kurzgeschichten unserer Zeit".
    Braunschweig: Westermann. 219 S. 23.10
1966 im SBd. der BNr. 324. . . . .   23.11
1967 "   "   "   "   348. . . . .   23.12
1967 "   "   "   "   349. (3.Bd.) 23.13

Deutsche Auslands-Ausgaben

Dänemark
1963 im SBd. der BNr. 251. . . . .   23.14
1965 in "Ich lerne Deutsch". 4.
    Kopenhagen: J.H.Schultz. 23.15

Frankreich
1963 in "Deutsche erleben ihre Zeit. 1942-1962."
    Paris: Didier. 316 S. 23.16

USA
1968 in "Beispiele".
    Deutsche Prosa des 20. Jahrhunderts.
    Engelwood Cliffs, N.J.: Prentice-Hall.142 S.   23.17

Ü b e r s e t z u n g e n

Bulgarisch
1968 im SBd. der BNr. 385. . . . .   23.18

Dänisch
1967 im SBd. der BNr. 352. . . . .   23.19

Englisch
1956 im SBd. der BNr. 104. . . . .   23.20
1970 "   "   "   "   470. (USA) 23.21

Französisch
1967 im SBd. der BNr. 354. . . . . 23.22

Italienisch
1961 im SBd. der BNr. 214. . . . . 23.23

Niederländisch
1964 im SBd. der BNr. 278. . . . . 23.24
1969 "   "   "   "   430. . . . . 23.25

Polnisch
1959 im Sbd. der BNr. 162. . . . . 23.26

Portugiesisch
1970 im SBd. der BNr. 472. . . . . 23.27

Steh auf, steh doch auf. (E)

EVB
1950 (Nov.) im SBd. der BNr. 11. . . . . 24.1

    1951 (8.5.) u.d.T. "Licht im Labyrinth"
       in 'Süddeutsche Zeitung', München (anläßlich
       der Verleihung des Preises der 'Gruppe 47'
       in Bad Dürkheim). 24.2
    1956 im SBd. der BNr. 101. . . . . 24.3
    1958 "   "   "   "   134. . . . . 24.4
    1958 "   "   "   "   137. . . . . 24.5
    1958 in "Textsammlung moderner Kurzgeschichten".
       Frankfurt: Diesterweg. 107 S.(1969:11.Aufl.) 24.6
    1961 im SBd. der BNr. 210. . . . . 24.7
    1963 "   "   "   "   244. . . . . 24.8
    1963 "   "   "   "   245. . . . . 24.9
    1966 "   "   "   "   324. . . . . 24.10
    1967 "   "   "   "   348. . . . . 24.11
    1967 "   "   "   "   349. (3.Bd.) 24.12

    Deutsche Auslands-Ausgaben

    Dänemark
    1963 im SBd. der BNr. 251. . . . . 24.13

    UdSSR
    1968 im SBd. der BNr. 384. . . . . 24.14

    Ü b e r s e t z u n g e n

    Bulgarisch
    1968 im SBd. der BNr. 385. . . . . 24.15

    Englisch
    1956 im SBd. der BNr. 104. . . . . 24.16
    1970 "   "   "   "   470. (USA) 24.17

    Französisch
    1967 im SBd. der BNr. 354. . . . . 24.18

    Italienisch
    1961 im SBd. der BNr. 214. . . . . 24.19

Niederländisch
1964 im SBd. der BNr. 278. . . . . 24.20
1969 " " " " 430. . . . . 24.21

Portugiesisch
1970 im SBd. der BNr. 472. . . . . 24.22

Trunk in Petöcki. (E)

EVB
1950 (Nov.) im SBd. der BNr. 11. . . . . 25.1

    1958 im SBd. der BNr. 137. . . . . 25.2
    1959 " " " " 143. . . . . 25.3
    1961 " " " " 210. . . . . 25.4
    1963 " " " " 244. . . . . 25.5
    1963 " " " " 245. . . . . 25.6
    1966 " " " " 324. . . . . 25.7
    1967 " " " " 348. . . . . 25.8
    1967 " " " " 349. . . . . 25.9

Ü b e r s e t z u n g e n

Dänisch
1967 im SBd. der BNr. 352. . . . . 25.10

Englisch
1956 im SBd. der BNr. 104. . . . . 25.11
1970 " " " " 470. (USA) 25.12

Französisch
1967 im SBd. der BNr. 354. . . . . 25.13

Italienisch
1961 im SBd. der BNr. 214. . . . . 25.14

Niederländisch
1964 im SBd. der BNr. 278. . . . . 25.15
1969 " " " " 430. . . . . 25.16

Polnisch
1964 im SBd. der BNr. 279. . . . . 25.17

Portugiesisch
1970 im SBd. der BNr. 472. . . . . , 25.18

Über die Brücke. (E)

EVB
1950 (Nov.) im SBd. der BNr. 11. . . . . 26.1

    1956 im SBd. der BNr. 101. . . . . 26.2
    1958 " " " " 134. . . . . 26.3
    1958 " " " " 137. . . . . 26.4
    1958 in "Moderne Erzähler". 2: Heinrich Böll u.a.
         Paderborn: Schöningh. 94 S. 26.5
    1961 im SBd. der BNr. 210. . . . . 26.6
    1963 " " " " 244. . . . . 26.7
    1963 " " " " 245. . . . . 26.8
    1966 " " " " 324. . . . . 26.9

```
1967 im SBd. der BNr. 348. . . . . . . . . . . .    26.10
1967 "    "    "    "    349. (3.Bd.) . . . . . . .    26.11
```

Deutsche Auslands-Ausgaben

England
1957 in "German short stories 1945-1955".
    London: Cambridge University Press. 104 S. .   26.12

Japan
1963 im SBd. der BNr. 253. . . . .   26.13

Niederlande
1959 in "Die Auslese". 8 Kurzgeschichten.
    Groningen: Wolters. 84, 20 S. 26.14
    (1969: 4. Auflage. 102 S.)

UdSSR
1968 im SBd. der BNr. 384. . . . .   26.15

Ü b e r s e t z u n g e n

Dänisch
1967 im SBd. der BNr. 352. . . . .   26.16

Englisch
```
1956 im SBd. der BNr. 104. . . . . . . . . . .    26.17
1970 "    "    "    "    470. (USA) . . . . . . . .    26.18
```

Finnisch
1965 im SBd. der BNr. 302. . . . .   26.19

Französisch
1967 im SBd. der BNr. 354. . . . .   26.20

Italienisch
1961 im SBd. der BNr. 214. . . . .   26.21

Niederländisch
```
1964 im SBd. der BNr. 278. . . . . . . . . . .    26.22
1969 "    "    "    "    430. . . . . . . . . . .    26.23
```

Polnisch
1959 im SBd. der BNr. 162. . . . .   26.24

Portugiesisch
1970 im SBd. der BNr. 472. . . . .   **26.**25

Unsere gute, alte Renée. (E)

EVB
<u>1950</u> (Nov.) im SBd. der BNr. 11. . . . .   **27.**1

```
1956 im SBd. der BNr. 101. . . . . . . . . . .    27.2
1958 "    "    "    "    134. . . . . . . . . . .    27.3
1958 "    "    "    "    137. . . . . . . . . . .    27.4
1961 "    "    "    "    210. . . . . . . . . . .    27.5
1961 "    "    "    "    211. . . . . . . . . . .    27.6
1963 "    "    "    "    244. . . . . . . . . . .    27.7
1963 "    "    "    "    245. . . . . . . . . . .    27.8
1966 "    "    "    "    324. . . . . . . . . . .    27.9
```

```
1963 im SBd. der BNr. 244. . . . . . . . . . . . .     28.7
1963 "   "    "    "   245. . . . . . . . . . . . .     28.8
1965 "   "    "    "   299. . . . . . . . . . . . .     28.9
1966 "   "    "    "   324. . . . . . . . . . . . .     28.10
1967 "   "    "    "   348. . . . . . . . . . . . .     28.11
1967 "   "    "    "   349. (3.Bd.) . . . . . . . .     28.12
```

Deutsche Auslands-Ausgaben

Niederlande
1965 im SBd. der BNr. 300. . . . .   28.13

UdSSR
1968 im SBd. der BNr. 384. . . . .   28.14

Ü b e r s e t z u n g e n

Bulgarisch
1968 im SBd. der BNr. 385. . . . .   28.15

Dänisch
1967 im SBd. der BNr. 352. . . . .   28.16

Englisch
```
1956 im SBd. der BNr. 104. . . . . . . . . . . .     28.17
1965 "   "    "    "   299. . . . . . . . . . . .     28.18
1970 "   "    "    "   470. (USA) . . . . . . . .     28.19
```

Französisch
1958 im SBd. der BNr. 141. . . . .   28.20

Italienisch
1961 im SBd. der BNr. 214. . . . .   28.21

Niederländisch
```
1964 im SBd. der BNr. 278. . . . . . . . . . . .     28.22
1969 "   "    "    "   430. . . . . . . . . . . .     28.23
```

Portugiesisch
1970 im SBd. der BNr. 472. . . . .   28.24

Tschechisch
1959 im SBd. der BNr. 164. . . . .   28.25

Wir Besenbinder. (E)

EVB
1950 (Nov.)im SBd. der BNr. 11. . . . .   29.1

```
1956 im SBd. der BNr. 101. . . . . . . . . . . .     29.2
1957 in "Moderne deutsche Kurzgeschichten".
     Frankfurt: Hirschgraben-Verlag. 56 S.
     (S. 3-7. Sein und Sagen. Texte für den
     Deutschunterricht, 1) . . . . . . . . . . . .     29.3
1958 im SBd. der BNr. 134. . . . . . . . . . . .     29.4
1958 "   "    "    "   137. . . . . . . . . . . .     29.5
1958 in "Textsammlung moderner Kurzgeschichten".
     Frankfurt: Diesterweg. 107 S. (1969:11.Aufl.)      29.6
1961 im SBd. der BNr. 210. . . . . . . . . . . .     29.7
1963 "   "    "    "   244. . . . . . . . . . . .     29.8
1963 "   "    "    "   245. . . . . . . . . . . .     29.9
```

```
1966 im SBd. der BNr. 324. . . . . . . . . . . . .   30.6
1969 in "Das Angebot".
     Leipzig: St. Benno-Verlag. 458 S. . . . . .    30.7
     (1971: 5. Auflage)
1970 im SBd. der BNr. 467. . . . . . . . . . . .     30.8
1971 "    "    "    "    497. . . . . . . . . . . .   30.9
1971 "    "    "    "    498. . . . . . . . . . . .   30.10
1971 "    "    "    "    499. . . . . . . . . . . .   30.11
1971 "    "    "    "    500. . . . . . . . . . . .   30.12
1972 "    "    "    "    513. . . . . . . . . . . .   30.13
```

Ü b e r s e t z u n g e n

Englisch
```
1966 im SBd. der BNr. 327.  (USA) . . . . . . . .    30.14
1967 "    "    "    "    353. . . . . . . . . . . .   30.15
```

Französisch
```
1959 im SBd. der BNr. 161. . . . . . . . . . . .     30.16
```

Niederländisch
```
1968 im SBd. der BNr. 386. . . . . . . . . . . .     30.17
```

Polnisch
```
1964 im SBd. der BNr. 279. . . . . . . . . . . .     30.18
```

Slowakisch
```
1966 im SBd. der BNr. 329. . . . . . . . . . . .     30.19
```

Spanisch
```
1964 im SBd. der BNr. 280. . . . . . . . . . . .     30.20
```

Die schwarzen Schafe. (E)

EVB
```
1951 Opladen: Middelhauve. 20 S. Ill.: M. Szewczuk. .   31.1
     (1959: 2. Aufl. Ill.: W. Jasper. - 1962: 3. Aufl.
     1972: Neuausgabe. Ill.: H. Edelmann.)
     1951 (20.6.) in 'Das literarische Deutschland'.
          Heidelberg. . . . . . . . . . . . . . . .    31.2
     1961 im SBd. der BNr. 211. . . . . . . . . . .    31.3
     1961 als Sprechplatte. Sprecher: Heinrich Böll.
          Hannover: DeutscheGrammophon Ges. EPLS 34032.
          Aufnahme: 2.5.1961. Auslieferung:Herbst 1961.
          Sendung: Süddeutscher Rundfunk, Stuttgart,
          am 5.12.1961. . . . . . . . . . . . . . . .  31.4
     1962 in "Almanach der Gruppe 47". 1947 bis 1962.
          Reinbek bei Hamburg: Rowohlt. 469 S. . . . . 31.5
     1963 im SBd. der BNr. 244. . . . . . . . . . .    31.6
     1963 "    "    "    "    245. . . . . . . . . . .  31.7
     1966 "    "    "    "    324. . . . . . . . . . .  31.8
     1967 "    "    "    "    349. (3.Bd.) . . . . . .  31.9
     1967 als Sprechplatte in "Bittersüßes aus deut-
          scher Feder". Autoren lesen aus eigenen
          Werken. Hannover: Deutsche Grammophon Ges.
          DG 168085. Auslieferung: Frühjahr 1967. . .  31.10
```

Deutsche Auslands-Ausgabe
Niederlande
1961 Amsterdam: Meulenhoff. 44, 8 S.
    Ill.: W. Jasper. (1967: 3. Auflage) 31.11

UdSSR
1968 im SBd. der BNr. 384. . . . . 31.12

Ü b e r s e t z u n g e n

Bulgarisch
1968 im SBd. der BNr. 385. . . . . 31.13

Dänisch
1967 im SBd. der BNr. 352. . . . . 31.14

Englisch
1970 im SBd. der BNr. 470. (USA) 31.15

Französisch
1951 "Les brebis noires" in 'Documents',
    Paris, Jg. 6 Nr.7/8 (S.731-737) 31.16
1967 im SBd. der BNr. 354. . . . . 31.17

Italienisch
1964 im SBd. der BNr. 277. . . . . 31.18

Niederländisch
1964 im SBd. der BNr. 278. . . . . 31.19
1969 "   "   "   "   430. . . . . 31.20

Polnisch
1964 im SBd. der BNr. 279. . . . . 31.21

Portugiesisch
1970 im SBd. der BNr. 472. . . . . 31.22

Türkisch
1967 im SBd. der BNr. 357. . . . . 31.23

Ukrainisch
1969 im SBd. der BNr. 432. . . . . 31.24

Ungarisch
1965 im SBd. der BNr. 305. . . . . 31.25

Wo warst du, Adam? (R)

EVB
1951 Opladen: Middelhauve. 210 S. (1958: 8.Tsd. -
    1968: Gesamtauflage über 800 Tsd.) 32.1

1954 Köln: Kiepenheuer & Witsch. 183 S.
    Taschenbuch-Ausgabe, 1.-34.Tsd. (Kiwi-Tb. 7) 32.2
1955 Frankfurt: Das Goldene Vlies. 183 S.
    Ullstein Bücher, 84. - 2. Aufl. Frankfurt:
    Ullstein 1957. 154 S.
    (1966: 100.Tsd. 1970: Neuauflage) 32.3
1956 Berlin: Rütten & Loening. 186 S. 32.4

```
1961 Leipzig: Reclam. 227 S. RUB 9136/38.
     1967: 2.Aufl., 10.-20.Tsd., 179 S. (RUB 364)
     1968: 3.Aufl. . . . . . . . . . . . . . . . . .     32.5
1963 Gütersloh: Bertelsmann Lesering. . . . . . .        32.6
1963 im SBd. der BNr. 244. . . . . . . . . . . .         32.7
1967 "   "   "   "   349. (1.Bd.) . . . . . . .          32.8
1969 Leipzig: Insel-Verlag. 163 S.(Insel-B.908) .        32.9
1972 (Nov.) München: Deutscher Taschenbuch-
     Verlag. dtv-Tb. 856. (Mai 73: 51.-70.Tsd.) .        32.10
```

Auszüge, Bearbeitungen, Böll-Aussagen

```
1951 Auszug u.d.T. "Durchbruch bei Roßapfel"
     in 'Frankfurter Hefte', August. . . . . . .         32.11
1952 (8.6.) Bearbeitung u.d.T. "Die Brücke von
     Berczaba", Hörspiel nach einer Szene aus
     "Wo warst du, Adam?" im Hessischen Rundfunk,
     Frankfurt. Wiederholungen: 1.7.1952 und
     22.11.1960. . . . . . . . . . . . . . . . .         32.12
1952 (Juni) Auszug u.d.T. "Das Ende des
     Dr. Greck" in 'Welt und Wort', Tübingen. . .        32.13
1955 (März) Auszug in 'Neue deutsche Literatur',
     Berlin. . . . . . . . . . . . . . . . . . .         32.14
1964 Auszug u.d.T. "Durchgangslager" in 'Ein er-
     wachender Zweig'. Grundfragen des Menschen
     in der modernen Literatur.
     München: Pfeiffer. 415 S. . . . . . . . . .         32.15
1966 Auszug u.d.T. "Durchgangslager" in '... doch
     in uns das Herz'. Kurzgeschichten unserer
     Zeit um das Gute im Menschen.
     Leipzig: St. Benno-Verlag. 453 S.
     (1969 und 1970: Neuauflagen) . . . . . . . .        32.16
1968 (16.5.) "Wo warst du, Adam?" Sendung im
     Deutschen Fernsehen, München, 3. Programm. .        32.17
```

Ü b e r s e t z u n g e n

Dänisch
```
1955 "Hvor var du, Adam?". Ü:K.Windfeld Hansen.
     Kopenhagen: Grafisk Forlag. 189 S. . . . . .        32.18
```

Englisch
```
1955 "Adam, where art thou?". Ü: Mervyn Savill.
     London: Arco. 176 S. . . . . . . . . . . . .        32.19
1955 -- New York: Criterion Books. 176 S. . . . .        32.20
1970 im SBd. der BNr. 469. . . . . . . . . . . .         32.21
```

Finnisch
```
1965 im SBd. der BNr. 302. . . . . . . . . . . .         32.22
```

Französisch
```
1956 "Où étais-tu Adam?". Ü: André Starcky.
     Paris: Editions du Seuil. 191 S. . . . . . .        32.23
```

Italienisch
```
1967 "Dov'eri, Adamo?" Ü: Carlo Mainoldi.
     Mailand: Bompiani. 215 S. . . . . . . . . .         32.24
```

Japanisch
```
1957 "Adam yo, omae wa doko ni ita?"
     Tokio: Kodansha. 229 S. . . . . . . . . . .         32.25
```

Niederländisch
1958 "Geen alibi voor God" (Kein Alibi vor Gott =
     Wo warst du, Adam?) Ü: A.P.Angevaare.
     Nijmegen: De Koepel. 187 S. -
     1963: u.d.T. "Waar zijt gij, Adam?" -
     1969: Neuaufl. u.d.T. "Adam, waar benje?".
     Amsterdam, Brüssel: Elsevier. 187 S. 32.26
Norwegisch
1956 "Hvor var du, Adam?". Ü: Waldemar Brøgger
     Oslo: Gyldendal. 196 S. 32.27
Polnisch
1957 "Gdzie byles, Adamie?" Ü: Wanda Kragen.
     Warschau: Pax. 179 S. 32.28
Rumänisch
1958 "Unde ai fost, Adame?". Ü: Nadia Şerban.
     Bukarest: E.S.P.L.A. 240 S. (Meridiane) . . 32.29
Russisch
1963 "Gde ty byl, Adam?" Ü: L. Cernaja.
     Moskau: Goslitizdat. 248 S. 32.30
Tschechisch
1961 "Kdes byl Adamie?" Ü: Ludvik Kundera.
     Prag: Naše vojsko. 169 S. 32.31
Türkisch
1966 "Ademoğlu, nerdeydin?" Ü: Zeyyat Selimoglu.
     Istanbul: Cem Yayinevi. 180 S.
     (Yirminci Yüzyil Klasikleri) 32.32
Ungarisch
1957 "Adám, hol voltál?" Ü: György Radő.
     Budapest: Kossuth-Verlag. 210 S. (1969: 2.A.) 32.33

Der Zwerg und die Puppe. (E)

EVB
1951 in "Mit offenen Augen".
     Ein Reisebuch deutscher Dichter.
     Stuttgart: Cotta. 255 S. 33.1

1956 im SBd. der BNr. 101. . . . .(33.2
1959 "   "   "   "   157. . . . . 33.3
1961 "   "   "   "   212. . . . . 33.4
1965 "   "   "   "   298. . . . . 33.5
1966 "   "   "   "   324. . . . . 33.6
1970 in "Der Kristall".
     Christliche Erzählungen unserer Zeit.
     Berlin: Evangel. Verl. Anstalt. 426 S. . . . 33.7
1971 im SBd. der BNr. 497. . . . . 33.8
1971 "   "   "   "   498. . . . . 33.9
1971 "   "   "   "   499. . . . . 33.10
1971 "   "   "   "   500. . . . . 33.11
1972 "   "   "   "   513. . . . . 33.12

Deutsche Auslands-Ausgaben
UdSSR
1968 im SBd. der BNr. 384. . . . . 33.13

Ü b e r s e t z u n g e n

Georgisch
1964 im SBd. der BNr. 276. . . . . 33.14

Niederländisch
1968 im SBd. der BNr. 386. . . . . 33.15

Polnisch
1964 im SBd. der BNr. 279. . . . . 33.16

Russisch
1957 im SBd. der BNr. 119. . . . . 33.17

Slowakisch
1966 im SBd. der BNr. 329. . . . . 33.18

Spanisch
1964 im SBd. der BNr. 280. . . . . 33.19

Türkisch
1967 im SBd. der BNr. 357. . . . . 33.20

Krippenfeier. (E)
EVZ
1952 (Januar) in 'Frankfurter Hefte'. 34.1

1972 (EVB) im SBd. der BNr. 513. . . . . 34.2

Sie lachen. (KRB)
EVZ
1952 (April) in 'Frankfurter Hefte'.
Glosse über einen Trickfilm. 35

Bekenntnis zur Trümmerliteratur. (A)
EVZ
1952 (15.5.) in 'Die Literatur', Stuttgart. 36.1

1961 (EVB) im SBd. der BNr. 212. . . . . 36.2
1963 im SBd. der BNr. 229. . . . . 36.3
1963 "   "   "   " 247. . . . . 36.4
1964 "   "   "   " 272. . . . . 36.5

Deutsche Auslands-Ausgaben

Frankreich
1963 Auszug in "Deutsche erleben ihre Zeit.
1942 - 1962". Paris: Didier. 316 S. 36.6

Japan
1964 im SBd. der BNr. 273. . . . . 36.7

Schweden
1966 Auszug in "Zweimal Deutschland?"
Zur Literatur und Politik nach 1945.
Stockholm: Sveriges Radio Förlag. 171 S. . . 36.8

UdSSR
1968 im SBd. der BNr. 384. . . . . 36.9

Übersetzungen
Ungarisch
1961 "Hitvallás a romirodalom mellet" in
'Nagyvilág', Budapest. Jg.6, Nr.11
(S. 1656-1658) 36.10
1965 im SBd. der BNr. 305. . . . . 36.11
1969 "   "   "   "   433. . . . . 36.12

Der Engel. (E)
EVZ
<u>1952</u> (15.5.) in 'Die Literatur', Stuttgart. 37.1

1972 (Juli/EVB) im SBd. der BNr. 513. . . . . . 37.2

Das Ende der Moral. (KRB)
EVZ
<u>1952</u> (Mai) in 'Frankfurter Hefte'. Besprechung von
Graham Greene's Roman "Der Ausgangspunkt" (d.1951) 38.1

1967 (EVB) im SBd. der BNr. 350. . . . . 38.2

Die Brücke von Berczaba. (H)
EVR
<u>1952</u> (8.6.) Hörspiel nach einer Szene aus "Wo warst
du, Adam?" im Hessischen Rundfunk, Frankfurt.
Wiederholung: 1.7.1952 und 22.11.1960. . . . . . 39.1

1962 in "Zauberei auf dem Sender u. a. Hörspiele"
Frankfurt: Kramer. 237 S. 39.2

Übersetzungen

Russisch
1968 (als Kurzgeschichte) im SBd. der BNr. 387. . 39.3

Gott sucht die Sünder. (KRB)
EVZ
<u>1952</u> (10.8.) in 'Neue Literarische Welt', Darmstadt.
Besprechung von Henri Queffélec's Roman "Gott
braucht die Sünder" (d. 1951) 40

Heißes Eisen in lauwarmer Hand. (KRB)
EVZ
<u>1952</u> (15.8.) in 'Die Literatur', Stuttgart.
Rezension zu Remarque's Roman "Der Funke
Leben" (1952). 41

Der Wüstenfuchs in der Falle. (KRB)
EVZ
<u>1952</u> (15.9.) in 'Die Literatur', Stuttgart.
Rezension zu dem Rommel-Film mit James Mason. . . 42

Ein religiöser Film. (KRB)
EVZ
<u>1952</u> (15.10.) in 'Die Literatur', Stuttgart.
Rezension zu einem amerikanischen Detektiv-Film. 43

Die Abenteuer des braven Soldaten Schwejk. (KRB)
EVZ
<u>1952</u> (28.11.) in 'Welt der Arbeit', Köln.
Besprechung des gleichnamigen Romans von
Jaroslav Hašek. (d.1926 u.ö.) 44.1
1952 (17.12.) in 'Süddeutsche Zeitung', München. 44.2
(Siehe auch BNr. 85)

Nicht nur zur Weihnachtszeit. (E)
EVB
<u>1952</u> Frankfurt: Frankfurter Verlags-Anstalt. 57 S.
(Studio Frankfurt, 5). Ill.: H.Meyer-Brockmann. . 45.1

1952 (30.12.) Ursendung: Norddeutscher Rundfunk. 45.2
1954 (29.9.) Übernahmesendung: Hessischer Rundf. 45.3
1955 Köln: Kiepenheuer & Witsch. 54 S. 45.4
1958 im SBd. der BNr. 135. . . . . 45.5
1960 "   "   "   "   185. . . . . 45.6
1960 "   "   "   "   186. . . . . 45.7
1963 "   "   "   "   249. . . . . 45.8
1963 "   "   "   "   250. . . . . 45.9
1966 "   "   "   "   319. . . . . 45.10
1966 "   "   "   "   322. . . . . 45.11
1966 "   "   "   "   324. . . . . 45.12
1968 in "Hieb und Stich".
Deutsche Satire in 300 Jahren.
Köln: Kiepenheuer & Witsch. 483 S. 45.13
1969 im SBd. der BNr. 429. . . . . 45.14
1970 "   "   "   "   466. . . . . 45.15
1971 "   "   "   "   497. . . . . 45.16
1971 "   "   "   "   498. . . . . 45.17
1971 "   "   "   "   499. . . . . 45.18
1971 "   "   "   "   500. . . . . 45.19
1971 in "Deutsche Erzähler".
Frankfurt: Insel-Verlag. 707 S. 45.20
1972 im SBd. der BNr. 513. . . . . 45.21
1972 in "Deutsche Nobel Galerie". Percha: R.S.Schulz 45.22
Auszüge, Bearbeitungen, Böll-Aussagen

1953 (Febr.) "Offener Brief" an Pfarrer von
Meyenn zu "Nicht nur zur Weihnachtszeit"
in 'Frankfurter Hefte' 45.23
1964 (Auszug) in "Gegenzeitung".
Deutsche Satiren des 20. Jahrhunderts.
Heidelberg: Rothe. 565 S. 45.24

1969 (23.12.) Böll-Lesung: "Nicht nur zur Weih-
nachtszeit". Einführung: Werner Koch.
Westdeutscher Rundfunk-Fernsehen, Köln. . . 45.25
1970 (30.12.) "Nicht nur zur Weihnachtszeit".
Fernsehfilm. Drehbuch: Heinrich Böll.
Erstsendung: Zweites Deutsches Fernsehen. . 45.26

Deutsche Auslands-Ausgaben

Frankreich
1956 "Nicht nur zur Weihnachtszeit".
Ill.: H.Meyer-Brockmann. Gek.Schulausgabe.
Paris: Didier. 56 S. . 45.27
Niederlande
1960 im SBd. der BNr. 189. . . . . 45.28

UdSSR
1968 im SBd. der BNr. 384. . . . . 45.29

USA
1959 im SBd. der BNr. 160. . . . . 45.30

Ü b e r s e t z u n g e n

Dänisch
1964 im SBd. der BNr. 275. . . . . 45.31

Englisch
1957 "Christmas every day" in 'Partisan Review',
New York, 24. Jg. Nr.2 (S.188-209) 45.32
1959 -- in 'Short Fiction: a critical collection'
Englewood Cliffs, N.J. (S.159-178) 45.33
1964 -- in 'Short Storie International'
New York. (S.135-157) 45.34

Finnisch
1962 im SBd. der BNr. 225. . . . . 45.35

Französisch
1958 im SBd. der BNr. 141. . . . . 45.36

Italienisch
1962 "Non soltanto a Natale", in 'Il dissenso'
19 nuovi scrittori tedeschi.
Mailand: Feltrinelli. 45.37
1964 im SBd. der BNr. 277. . . . . 45.38

Niederländisch
1958 im SBd. der BNr. 142. . . . . 45.39
1965 "   "   "   "   303. . . . . 45.40

Polnisch
1959 im SBd. der BNr. 162. . . . . 45.41
1967 "   "   "   "   356. . . . . 45.42

Schwedisch
1958 "Inte bara i juletid" in 'Tysk samtid'
Stockholm: LTs förlag. (S. 11-34) 45.43
1960 im SBd. der BNr. 192. . . . . 45.44

Spanisch
1963 im SBd. der BNr. 254. . . . . 45.45

Ungarisch
1965 im SBd. der BNr. 305. . . . . 45.46

Die Postkarte. (E)

EVZ
<u>1953</u> (Jan.) in 'Frankfurter Hefte'. 46.1

```
1955 (EVB) im SBd. der BNr. 77. . . . . . . . . .  46.2
1959 im SBd. der BNr. 157. . . . . . . . . . . . . 46.3
1959  "    "    "    "   159. . . . . . . . . . . . 46.4
1961  "    "    "    "   212. . . . . . . . . . . . 46.5
1963  "    "    "    "   229. . . . . . . . . . . . 46.6
1963  "    "    "    "   246. . . . . . . . . . . . 46.7
1964  "    "    "    "   272. . . . . . . . . . . . 46.8
1965  "    "    "    "   298. . . . . . . . . . . . 46.9
1966  "    "    "    "   324. . . . . . . . . . . . 46.10
1968  "    "    "    "   383. . . . . . . . . . . . 46.11
1969  "    "    "    "   429. . . . . . . . . . . . 46.12
1970  "    "    "    "   467. . . . . . . . . . . . 46.13
1971  "    "    "    "   497. . . . . . . . . . . . 46.14
1971  "    "    "    "   498. . . . . . . . . . . . 46.15
1971  "    "    "    "   499. . . . . . . . . . . . 46.16
1971  "    "    "    "   500. . . . . . . . . . . . 46.17
1972  "    "    "    "   513. . . . . . . . . . . . 46.18
```

Auszüge, Bearbeitungen, Böll-Aussagen

1964 (1.9.) "Die Postkarte". Fernsehfilm.
Norddeutscher Rundfunk-Fernsehen, Hamburg. . 46.19

Deutsche Auslands-Ausgaben

England
1963 im SBd. der BNr. 252. . . . . 46.20

Frankreich
1964 (Auszug) in Martin Jacques:
"Die Deutschen im 20. Jahrhundert".
Paris: Didier. 335 S. 46.21

Japan
1964 im SBd. der BNr. 274. . . . . 46.22

Schweden
1961 im SBd. der BNr. 213. . . . . 46.23

UdSSR
1968 im SBd. der BNr. 384. . . . . 46.24

Ü b e r s e t z u n g e n

Bulgarisch
1968 im SBd. der BNr. 385. . . . . 46.25

Dänisch
1964 im SBd. der BNr. 275. . . . . 46.26

Englisch
1966 im SBd. der BNr. 327. (USA) 46.27
1967 "   "   "   "   353. . . . . 46.28

Französisch

Offener Brief (an Pfarrer von Meyenn)

Ein Tag wie sonst. (H)

Ü b e r s e t z u n g

Thomas Wolfe und das bittere Geheimnis des Lebens. (KRB)
EVZ
<u>1953</u> (7.3.) in 'Frankfurter Allgemeine Zeitung'. . . . 49.1
    1961 (EVB) im SBd. der BNr. 212. . . . . 49.2
    1963 im SBd. der BNr. 247. . . . . 49.3

Abenteuer eines Brotbeutels. (E)
EVZ
<u>1953</u> (7.3.) u.d.T. "Der Brotbeutel des Gemeinen
    Stobski" in 'Frankfurter Allgemeine Zeitung'. . . 50.1
    1956 (EVB) im SBd. der BNr. 101. . . . . 50.2
    1959 im SBd. der BNr. 157. . . . . 50.3
    1959 " " " " 159. . . . . 50.4
    1961 " " " " 212. . . . . 50.5
    1963 " " " " 229. . . . . 50.6
    1964 " " " " 272. . . . . 50.7
    1965 " " " " 298. . . . . 50.8
    1965 in "Deutsches Friedensbuch". (2.Auflage)
        Berlin: Aufbau-Verlag. 930 S. 50.9
    1966 im SBd. der BNr. 324. . . . . 50.10
    1968 " " " " 383. . . . . 50.11
    1969 " " " " 429. . . . . 50.12
    1971 " " " " 497. . . . . 50.13
    1971 " " " " 498. . . . . 50.14
    1971 " " " " 499. . . . . 50.15
    1971 " " " " 500. . . . . 50.16
    1972 " " " " 513. . . . . 50.17

    Deutsche Auslands-Ausgaben

    England
    1960 im SBd. der BNr. 187. . . . . 50.18

    UdSSR
    1968 im SBd. der BNr. 384. . . . . 50.19

    USA
    1957 im SBd. der BNr. 118. . . . . 50.20
    1970 " " " " 468. . . . . 50.21

    Ü b e r s e t z u n g e n

    Estnisch
    1958 im SBd. der BNr. 140. . . . . 50.22

    Französisch
    1953 "La musette de Joseph Stobski" in 'Allemagne
        d'aujourd'hui', Paris. Jg.1,Nr.4(S.398-403). 50.23
    1959 im SBd. der BNr. 161. . . . . 50.24

    Georgisch
    1964 im SBd. der BNr. 276. . . . . 50.25

    Niederländisch
    1958 im SBd. der BNr. 142. . . . . 50.26

    Polnisch
    1959 im SBd. der BNr. 162. . . . . 50.27

    Russisch
    1957 im SBd. der BNr. 119. . . . . 50.28

```
Slowakisch
1966 im SBd. der BNr. 329. . . . . . . . . . . .   50.29
Spanisch
1964 im SBd. der BNr. 280. . . . . . . . . . . .   50.30
Tschechisch
1959 im SBd. der BNr. 164. . . . . . . . . . . .   50.31
Ukrainisch
1969 im SBd. der BNr. 432. . . . . . . . . . . .   50.32
Ungarisch
1965 im SBd. der BNr. 305. . . . . . . . . . . .   50.33
```

Kay Cicellis. (RB)

EVR
1953 (22.4.) Porträt einer Schriftstellerin.
     Süddeutscher Rundfunk (Heidelberg-Mannheim)
     8 Bl. Funkmanuskript. 51

Rendezvous in Paris. (Bericht)

EVZ
1953 (Mai/Juni) Treffen deutscher und französischer
     Autoren und Verleger vom 18.-21.5.53 in Paris.
     In 'Dokumente', Offenburg. Jg.9, H.3. 52

Présentation d'un jeune auteur par lui-même. (A)

EVZ
1953 (Vorstellung eines jungen Autors durch sich
     selbst) in 'Allemagne d'aujourd'hui',
     Paris. Jg.1, Nr.7. (S.833-835).
     (s.a. BNr. 52) 53

Und sagte kein einziges Wort. (R)

EVB
1953 (Juni) Köln: Kiepenheuer & Witsch. 214 S.
     (1971: 63.-65.Tsd.) 54.1
     1955 Frankfurt: Büchergilde Gutenberg. 299 S. . . 54.2
     1957 Frankfurt: Ullstein. 153 S.(Ullstein-
          Bücher, 141). - 1967: 295.Tsd. 1971:Neuaufl. 54.3
     1958 Stuttgart: Europäischer Buchklub. 214 S. . . 54.4
     1960 Berlin: Union-Verlag. 205 S. 54.5
     1961 Darmstadt: Deutsche Buch-Gemeinschaft. 179 S. 54.6
          1971: Neudruck.
     1962 Leipzig: Insel-Verlag. 216 S. (Große Ausg.)   54.7
     1962 Luzern: Schweizer Volks-Buchgemeinde. . . .   54.8
     1965 Stuttgart: Fackel-Verlag. 54.9
     1967 im SBd. der BNr. 351. . . . .   54.10
     1968 "   "   "   "   383. . . . . 54.11
     1969 "   "   "   "   428. . . . . 54.12
     1970 Leipzig: Insel-Verlag. 157 S.
          (Insel-Bücherei 923) 54.13
```
```

Auszüge, Bearbeitungen, Böll-Aussagen

Estnisch
1963 "... ega lausunud ühtegi sona". Ü: V.Tomberg
Tallinn (Reval): Aja lehtede Ajakirjade
Kirjastus. 125 S. (= "Loomingu"
Raamatukogu. Nr. 25.26. (293.294))..... 54.33

Finnisch
1954 "Ei sanonut sanaakaan". Ü: K. Kivivuori.
Helsinki: Tammi. 198 S. (Keltainen
Kirjasto 3). - 1964: 3. Auflage...... 54.34

Französisch
1954 "Rentrez chez-vous, Bogner!" Ü: A. Starcky.
Paris: Editions du Seuil. 174 S.
(Prix du meilleur livre étranger) 54.35

Georgisch
1964 im SBd. der BNr. 276........... 54.36

Italienisch
1955 "E non disse nemmeno una parola". Ü: Italo
Alighiero Chiusano. Mailand: Mondadori. 208 S.
(Collezione Medusa 360) 54.37

Litauisch
1960 "... Ir nepasaké né žodžio." Ü: V. Gustainis
Wilna: Valstybiné grožinés literaturos
leidykla. 270 S............... 54.38

Niederländisch
1953 "Eng is de poort". Ü: Michel van der Plas.
Amsterdam: Lange. 215 S. (1964: 3. Auflage)   54.39

Norwegisch
1957 "Og sa ikke et eneste ord". Ü: Alf Harbitz.
Oslo: Gyldendal. 159 S........... 54.40

Polnisch
1956 "I nie poskarżył się ani jednym słowem".
Warschau: Pax. 176 S. Ü: Wanda Kragen. .. 54.41

Portugiesisch
1959 "E não disse nem mais uma palavra". Ü: Maria
Teresa + João Carlos Beckert d'Assumpção.
Lissabon: Editorial Aster. 200 S. 54.42

Russisch
1957 "I ne skazal ni edinogo slova".
Ü: L. Černaja i D. Mel'nikov. - 162 S.
Moskau: Izdatel'stvo inostrannoj literatury.   54.43
1959 im SBd. der BNr. 163........... 54.44

Schwedisch
1954 "Lidande eros". Ü: Per Erik Wahlund.
Stockholm: Norstedt. 179 S. 54.45
1967 "Inte ett enda ord". Ü: Per Erik Wahlund.
Stockholm: Norstedt. 151 S. (Panbok) 54.46

Serbokroatisch
1965 "I ne reče ni reči". Ü: Olga Trebičnik.
Sarajevo: Svjetlost. 103 S.
(Biblioteka Džepnaknjiga 336) 54.47

Spanisch
1956 "Y no decia una sola palabra". Ü: J.C.Lehmann
Buenos Aires: Kraft. 204 S. 54.48

Tschechisch
1958 "A nerekl jediné slovo". Ü: Bohumil Černik.
Prag: Staatsverlag. 158 S. 54.49

Türkisch
1966 "Ve o hiç bir şey demedi". Ü: B. Necatigil.
Istanbul: Cem Yayinevi. 182 S.
(20. Yüzyil Klasikleri: 3) 54.50

Ungarisch
1970 im SBd. der BNr. 473. . . . . 54.51

Der Tod der Elsa Baskoleit. (E)

EVZ
1953 (10.8.) in 'Neue literarische Welt', Darmstadt. . 55.1

1955 (EVB) im SBd. der BNr. 77. . . . . 55.2
1959 im SBd. der BNr. 159. . . . . 55.3
1961 "   "   "   "   212. . . . . 55.4
1963 "   "   "   "   229. . . . . 55.5
1963 "   "   "   "   246. . . . . 55.6
1964 "   "   "   "   272. . . . . 55.7
1965 "   "   "   "   298. . . . . 55.8
1966 "   "   "   "   324. . . . . 55.9
1968 "   "   "   "   383. . . . . 55.10
1970 "   "   "   "   467. . . . . 55.11
1971 "   "   "   "   497. . . . . 55.12
1971 "   "   "   "   498. . . . . 55.13
1971 "   "   "   "   499. . . . . 55.14
1971 "   "   "   "   500. . . . . 55.15
1971 in "Das Glück von morgen". Ernste und heite-
re Erzählungen.
Gütersloh: G. Mohn. 80 S. (Großdruck) . . . 55.16
1972 im SBd. der BNr. 513. . . . . 55.17

Ü b e r s e t z u n g e n

Englisch
1966 im SBd. der BNr. 327. (USA) 55.18
1967 "   "   "   "   353. . . . . 55.19

Französisch
1953 "La mort d'Elsa Baskoleit" in 'Documents'
Paris. Jg.8, Nr. 5/6, S.517-521. . . . . . . 55.20
1959 im SBd. der BNr. 161. . . . . 55.21

Niederländisch
1968 im SBd. der BNr. 386. . . . . 55.22

Polnisch
1959 im SBd. der BNr. 162. . . . . 55.23

Slowakisch
1966 im SBd. der BNr. 329. . . . . 55.24

Spanisch
1964 im SBd. der BNr. 280. . . . . 55.25

USA
1968 in "Panorama. Ausdrucksformen moderner Auto-
     ren". Anthologie.
     New York: Scribner. VIII, 222 S. 59.8

Ü b e r s e t z u n g e n

Französisch
1955 "Ceux d'aujourd'hui devant le réel".
     Ü: Albert Frank-Duquesne. In 'Construire',
     Paris, 10.Jg., Nr.6, S.289-293. . . . . . . 59.9

Der Schrei nach Schinken und Pralinen. (A)

EVZ
<u>1954</u> (23.9.) in 'Die Zeit', Hamburg. 60

Haus ohne Hüter. (R)

EVB
<u>1954</u> (Sept.) Köln: Kiepenheuer & Witsch. 320 S.
     (1972: 6.Auflage) 61.1
1957 Berlin: Verlag Volk und Welt. 329 S. 61.2
1958 Frankfurt: Ullstein. 219 S. Ullstein-
     Bücher 185. (1967: 242.Tsd. 1970: Neuaufl.) 61.3
1960 Darmstadt: Moderner Buch-Club. 281 S. . . . 61.4
1962 Darmstadt: Deutsche Buch-Gemeinschaft.281 S. 61.5
1963 Gütersloh: Bertelsmann Lesering. 61.6
1966 Berlin: Verlag Volk und Welt. 155 S.
     (Roman-Zeitung, 209) 61.7
1968 Stuttgart: Deutscher Bücherbund. 61.8
1969 Leipzig: Insel-Verlag. 335 S. 61.9
1969 im SBd. der BNr. 428. . . . . 61.10
1970 Zürich: Neue Schweizer Bibliothek. 61.11

Auszüge, Bearbeitungen, Böll-Aussagen

1954 Auszug in "Jahresring 54". Ein Schnitt durch
     Literatur und Kunst der Gegenwart. Hrsg. vom
     Kulturkreis im Bundesverband d.dt.Industrie.
     Stuttgart: Dt.Verl.-Anst. 303 S. (S.210-223) . 61.12

Deutsche Auslands-Ausgaben

Frankreich
1967 Auszug in "L'allemand en première."
     Paris: Librairie Hachette.
     (S. 20-21: Eine robuste Frau) 61.13

Ü b e r s e t z u n g e n

Armenisch
1965 "Anteruntsch Tun9" (Das herrenlose Haus)
     Eriwan: Hajastan (Armenien-Verlag). 365 S. . 61.14
Bulgarisch
1963 "Dom bez stopanin". Ü: Maria Stainowa.
     Sofia: Verlag des Nationalrates der vater-
     ländischen Front. 285 S. 61.15

Catalanisch (Sp.)
1970 "Casa sense amo". Ü: Carme Serrallonga.
     Barcelona: Edicions 62. 264 S. 61.16

Dänisch
1957 "Huse uden faedre". Ü: Herbert Steinthal.
     Kopenhagen: Grafisk Forlag. 272 S. 61.17

Englisch
1957 "The unguarded house". Ü: Mervyn Savill.
     London: Arco. 255 S. 61.18
1957 "Tomorrow and yesterday".
     New York: Criterion Books. 250 S. 61.19

Französisch
1954 Auszug u.d.T. "Maison sans gardien".
     In 'Documents', Jg.9, Nr.8/9, S.896-904. . . 61.20
1955 "Les enfants des morts". Ü: Blanche Gidon.
     Paris: Editions du Seuil. 285 S. 61.21

Italienisch
1957 "Casa senza custode". Ü: Italo Alighiero
     Chiusano. Mailand: Mondadori. 380 S.
     1961 (I libri del pavone 257-258): 384 S. . 61.22

Litauisch
1962 "Namai be 'seimininko". Ü: Eug.Vengrienė.
     Wilna: Valstybinė grozines literaturos
     leidykla. 337 S. 61.23

Niederländisch
1955 "Huizen zonder vaders". Ü: Jan Blokker.
     Amsterdam: Lange. 319 S. (1964: 3.Auflage) . 61.24

Polnisch
1957 "Ni strezone progi". Ü: Teresa Jętkiewicz.
     Warschau: Czytelnik. 356 S. 61.25

Portugiesisch
1964 "Casa indefesa". Ü: Jorge Rosa.
     Lissabon: Ediçāo Livros do Brasil. 340 S.
     (Colecçāo Dois Mundos 89) 61.26

Rumänisch
1965 "Casa văduvelor". Ü: S. Damian.
     Bukarest: Editura pentru literaturǎ. 347 S. /
     (Biblioteca pentru toti 304) 61.27

Russisch
1960 "Dom bez chozjaina". Ü: T. Motylyova.
     Moskau: Chudozestvennaja literatura. 61.28

Schwedisch
1956 "Hus utan väktare". Ü: Aida Törnell.
     Stockholm: Norstedt. 304 S. 61.29

Serbokroatisch
1957 "Kuća bez čuvara". Ü: Mignon Mihaljević.
     Zagreb: Zora. 268 S. (Strani pisci) 61.30

Spanisch
1959 "Casa sin amo". Ü: Margarita Fontseré.
     Barcelona: Editorial Seix Barral. 352 S.
     (Biblioteca breve 143) 61.31

Tschechisch
1961 "Dům bez pána". Ü: Jitka Fučiková.
Prag: Odeon. 282 S.(Soudobá světová próza 122) 61.32

Türkisch
1971 "Babasiz evler". Ü: Sezai Yalçinkaya.
Istanbul: Cem-Verlag. 365 S. 61.33

Ukrainisch
1958 "Dun bez gospodarja". Ü: Je. Popovyč.
Kiew: Rad. pis'mennik. 406 S. 61.34

Ungarisch
1959 "Magukra maradtak". Ü: Tamás Mátrai.
Budapest: Europa-Verlag. 291 S. 61.35

Neue italienische Romane und Novellen. (KRB)

EVZ
1954 (Nov./Dez.) in 'Dokumente', Offenburg,
Jg.10, H.6, S.527-529. Rezension zu
Dino Buzzati   "Die Festung"
Ennio Flajano   "Frevel in Äthiopien"
Cesare Pavese   "Junger Mond"
Luigo Pirandello "Angst vor dem Glück"
Mari Soldati   "Die geheimen Gründe" 62

Die Suche nach dem Leser. (E)

EVZ
1954 (5.12.) in 'Sonntagsblatt', Hamburg. 63.1

1972 im SBd. der BNr. 513. . . . . 63.2

Schicksal einer henkellosen Tasse. (E)

EVZ
1954 (Dez./Weihnachten) u.d.T. "Weihnachtliche Gedanken einer henkellosen Tasse" in 'Sonntagsblatt',
Hamburg. 64.1

1959 (EVB) im SBd. der BNr. 157. . . . . 64.2
1961 im SBd. der BNr. 212. . . . . 64.3
1963 "   "   "   "   229. . . . . 64.4
1964 "   "   "   "   272. . . . . 64.5
1966 "   "   "   "   322. . . . . 64.6
1966 "   "   "   "   324. . . . . 64.7
1966 in "Pegasus lächelt".
Hamburg: Wegner. 438 S. (Bücher der Neunzehn) 64.8
1968 im SBd. der BNr. 383. . . . . 64.9
1971 "   "   "   "   497. . . . . 64.10
1971 "   "   "   "   498. . . . . 64.11
1971 "   "   "   "   499. . . . . 64.12
1971 "   "   "   "   500. . . . . 64.13
1972 "   "   "   "   513. . . . . 64.14

Ü b e r s e t z u n g e n

Dänisch
1964 im SBd. der BNr. 275. . . . . 64.15

```
Italienisch
1964 im SBd. der BNr. 277. . . . . . . . . . . . 64.16

Niederländisch
1968 im SBd. der BNr. 386. . . . . . . . . . . 64.17

Polnisch
1964 im SBd. der BNr. 279. . . . . . . . . . . 64.18

Slowakisch
1966 im SBd. der BNr. 329. . . . . . . . . . . 64.19

Spanisch
1964 im SBd. der BNr. 280. . . . . . . . . . . 64.20
```

Was ist aktuell für uns? (A)

EVZ
1954 (Dez.) in 'Bücherei und Bildung',
     Reutlingen, Jg.6, H.12, S.1193-1195. 65

Das Auge des Schriftstellers. (A)

EVB
1954 in "Bücher voll guten Geistes".
     30 Jahre Büchergilde Gutenberg.
     Frankfurt: Büchergilde Gutenberg. 365 S. 66

Die Waage der Baleks. (E)

EVB
1954 in "Das Vorlesebuch". Bd.1.
     Ebenhausen: Langewiesche-Brandt. 224 S.
     (1962: 8.Auflage, 46.-50.Tsd.) 67.1

```
1955 im SBd. der BNr. 77. . . . . . . . . . . . 67.2
1958 "   "    "    "   138. . . . . . . . . . . 67.3
1959 "   "    "    "   157. . . . . . . . . . . 67.4
1959 "   "    "    "   159. . . . . . . . . . . 67.5
1961 "   "    "    "   212. . . . . . . . . . . 67.6
```
1961 in "Erzählungen der Gegenwart". Bd.2.
     Frankfurt: Hirschgraben-Verlag. 64 S.
     (Hirschgraben-Lesereihe, I: Deutsch, 12)
     1969: 17. Auflage. 67.7
1962 in "Erzähler unserer Zeit". 4.Nimm dein
     Leben in die Hand.
     Paderborn: Schöningh. 79 S. 1964: Neuausgabe
     (Schöninghs deutsche Textausgaben). 67.8
```
1963 im SBd. der BNr. 229. . . . . . . . . . . . 67.9
1964 "   "    "    "   272. . . . . . . . . . . 67.10
1965 "   "    "    "   298. . . . . . . . . . . 67.11
1966 "   "    "    "   324. . . . . . . . . . . 67.12
```
1967 in "Die Flucht aus dem Turmzimmer". Geschich-
     ten aus drei Jahrhunderten dt. Literatur.
     München: Piper. 534 S. 67.13
1967 in "Weinheimer Lesebuch". Bd.4.
     Weinheim: Beltz. 388 S. 67.14
1968 in "So mußt du sein". Geschichten für den,
     der noch fragt.
     Wuppertal: Aussaat Verlag. 154 S. 67.15

```
1968 im SBd. der BNr. 383. . . . . . . . . . . . .   67.16
1969  "   "    "   "   429. . . . . . . . . . . . .   67.17
1970  "   "    "   "   467. . . . . . . . . . . . .   67.18
1971  "   "    "   "   497. . . . . . . . . . . . .   67.19
1971  "   "    "   "   498. . . . . . . . . . . . .   67.20
1971  "   "    "   "   499. . . . . . . . . . . . .   67.21
1971  "   "    "   "   500. . . . . . . . . . . . .   67.22
```

1971 in "Texte, Texte, Texte".
Lesebuch für das 8. Schuljahr.
München: Bayerischer Schulbuch-Verlag. 208 S.   67.23
1972 im SBd. der BNr. 513. . . . .   67.24

Deutsche Auslands-Ausgaben

England
1963 im SBd. der BNr. 252. . . . .   67.25

Japan
1960 (ca.) "Die Waage der Baleks". Erl.: J.Tanaka
Tokio: Sansyusya Verlag. 26 S. 67.26

Norwegen
1970 in "Deutsche Texte unserer Zeit".
Oslo: Aschehoug (W.Nygaard). 323 S. 67.27

UdSSR
1968 im SBd. der BNr. 384. . . . .   67.28

USA
1958 in "Die deutsche Novelle".
Expanded edition 1880-1955.
New York: W. W. Norton & Comp. Inc. 376 S. .   67.29

Übersetzungen

Dänisch
1958 "Vaegten". Ü: Niels Barfoed.
In 'Vindrosen', Kopenhagen, Nr.3, S. 244-250   67.30

Englisch
1957 "The weighing machine". Ü: Richard Graves.
In "Perspective of Germany". An atlantic
monthly supplement. (S.15-18)
New York. 67.31
1966 im SBd. der BNr. 327. . . . .   67.32
1967 "   "   "   "   353. . . . .   67.33

Französisch
1955 "La balance des Baleks". Ü: Camille Biver.
In 'Construire', Paris. Jg.10, Nr.6. . . . .   67.34
1958 im SBd. der BNr. 141. . . . .   67.35

Italienisch
1961 "La bilancia dei Baleks". Ü: Italo Maione.
In 'Il Baretti', Neapel, Nr.9-10, S. 65-72.   67.36
1964 im SBd. der BNr. 277. . . . .   67.37

Niederländisch
1958 im SBd. der BNr. 142. . . . .   67.38
1962 "   "   "   "   226. . . . .   67.39
1967 "   "   "   "   355. . . . .   67.40

Norwegisch
1970 im SBd. der BNr. 471. . . . . 67.41

Polnisch
1959 im SBd. der BNr. 162. . . . . 67.42

Russisch
1956 "Vesy Balekov" u.d.Ges.-T. "Dva rasskaza"
(Zwei Erzählungen) in'Novyj mir',
Moskau, Jg. 32, Nr. 4 (April) 67.43

Slowakisch
1966 im SBd. der BNr. 329. . . . . 67.44

Spanisch
1964 im SBd. der BNr. 280. . . . . 67.45

Ukrainisch
1969 im SBd. der BNr. 432. . . . . 67.46

Ungarisch
1963 "A Balk család mérlege". Ü: Katalin Rayman.
In "Lányok évkönyve" 1964.
Budapest: Ferenc Móra. 389 S. (S.226-230) . 67.47
1965 im SBd. der BNr. 305. . . . . 67.48

Der Lacher. (E)

EVZ
1955 (30.1.) u.d.T. "Brauchen dringend Ihr Lachen ..."
in 'Sonntagsblatt', Hamburg. 68.1

1956 (EVB) im SBd. der BNr. 95. . . . . 68.2
1958 im SBd. der BNr. 138. . . . . 68.3
1959 " " " " 159. . . . . 68.4
1961 " " " " 212. . . . . 68.5
1963 " " " " 229. . . . . 68.6
1964 " " " " 272. . . . . 68.7
1966 " " " " 322. . . . . 68.8
1966 " " " " 324. . . . . 68.9
1967 in "Fürs Publikum gewählt - erzählt".
Prosa aus sechs Jahrzehnten Kabarett.
Berlin: Henschel. 317 S. 1971: 3.Aufl. 332 S. 68.10
1968 in "Wir lesen". Lesebuch für Volksschulen.
Bd. 4 (5.-9. Schuljahr): "Buch der Dichtung"
München: Kösel u. R. Oldenbourg Verl. 366 S. 68.11
1968 im SBd. der BNr. 383. . . . . 68.12
1970 in "Ernst beiseite". Das große Buch zum
Schmunzeln und Lachen.
Gütersloh: Bertelsmann. 414 S. 68.13
1971 im SBd. der BNr. 497. . . . . 68.14
1971 " " " " 498. . . . . 68.15
1971 " " " " 499. . . . . 68.16
1971 " " " " 500. . . . . 68.17
1972 " " " " 513. . . . . 68.18

Deutsche Auslands-Ausgaben

Japan
1960 (ca.) im SBd. der BNr. 188. . . . . 68.19

UdSSR
1968 im SBd. der BNr. 384. . . . . 68.20

USA
1960 in "Spiegel der Zeit".
      Boston: Houghton Mifflin. 68.21

Ü b e r s e t z u n g e n

Bulgarisch
1968 im SBd. der BNr. 385. . . . . 68.22

Englisch
1966 im SBd. der BNr. 327. (USA) 68.23
1967 "   "   "   "   353. . . . . 68.24
1970 "   "   "   "   470. (USA) 68.25

Französisch
1959 im SBd. der BNr. 161. . . . . 68.26

Georgisch
1964 im SBd. der BNr. 276. . . . . 68.27

Italienisch
1964 im SBd. der BNr. 277. . . . . 68.28

Niederländisch
1958 im SBd. der BNr. 142. . . . . 68.29
1962 "   "   "   "   226. . . . . 68.30

Norwegisch
1970 im SBd. der BNr. 471. . . . . 68.31

Polnisch
1959 im SBd. der BNr. 162. . . . . 68.32

Portugiesisch
1960 im SBd. der BNr. 191. . . . . 68.33

Russisch
1957 im SBd. der BNr. 119. . . . . 68.34

Schwedisch
1955 "Skrattaren" in 'Svenska Dagbladet',
      Stockholm, am 4.12. . . . . 68.35

Slowakisch
1966 im SBd. der BNr. 329. . . . . 68.36

Spanisch
1964 im SBd. der BNr. 280. . . . . 68.37

Tschechisch
1959 im SBd. der BNr. 164. . . . . 68.38

Türkisch
1967 im SBd. der BNr. 357. . . . . 68.39

Ukrainisch
1969 im SBd. der BNr. 432. . . . . 68.40

Ungarisch
1965 im SBd. der BNr. 305. . . . . 68.41

Unberechenbare Gäste. (E)

Österreich
1969 in "Welt im Wort". Ein Lesebuch für die
Unterstufe. Bd. 3.
Wien: Österreichischer Bundesverlag für
Unterricht, Wissenschaft und Kunst. 69.26

Schweden
1964 in "Der Spiegel". Tyske tekster.
Stockholm: Gyldendal. 367 S. 69.27

UdSSR
1968 im SBd. der BNr. 384. . . . . 69.28

Ü b e r s e t z u n g e n

Dänisch
1964 im SBd. der BNr. 275. . . . . 69.29

Englisch
1966 im SBd. der BNr. 327. (USA) 69.30
1967 "   "   "   " 353. . . . . 69.31

Französisch
1955 "Des hôtes déconcertants" in 'Documents',
Paris, 10.Jg., H.6/7, S.743-748. . . . . . 69.32
1956 im SBd. der BNr. 161. . . . . 69.33

Italienisch
1964 im SBd. der BNr. 277. . . . . 69.34

Niederländisch
1958 im SBd. der BNr. 142. . . . . 69.35
1965 "   "   "   " 303. . . . . 69.36

Polnisch
1964 im SBd. der BNr. 279. . . . . 69.37

Portugiesisch
1960 im SBd. der BNr. 191. . . . . 69.38

Schwedisch
1957 (17.2.) im Sveriges Radio, Stockholm, als
Hörspiel u.d.T. "Anita och Existensminimum" 69.39

Slowakisch
1966 im SBd. der BNr. 329. . . . . 69.40

Spanisch
1964 im SBd. der BNr. 280. . . . . 69.41

Türkisch
1967 im SBd. der BNr. 357. . . . . 69.42

Ungarisch
1965 im SBd. der BNr. 305. . . . . 69.43

Zum Tee bei Dr. Borsig. (H)

EVR
1955 (25.2.) Hörspiel-Sendung: Hessischer R., Frankfurt. 70.1

1961 (EVB) im SBd. der BNr. 212. . . . . 70.2
1964 im SBd. der BNr. 271. . . . . 70.3
1964 "   "   "   " 272. . . . . 70.4
1966 "   "   "   " 323. . . . . 70.5

```
1965 Leipzig: Insel-Verlag. 142 S. (Insel
     Bücherei 512) 1968: 2.Aufl., 16.-45.Tsd. . .   73.9
1965 Gütersloh: Bertelsmann Lesering. 127 S. . .    73.10
1966 im SBd. der BNr. 324. . . . . . . . . . . .    73.11
1968 "   "    "    "    383. . . . . . . . . . .    73.12
1969 "   "    "    "    428. . . . . . . . . . .    73.13
```

Auszüge, Bearbeitungen, Böll-Aussagen

```
1962 (19.5.) "Das Brot der frühen Jahre". Film.
     Buch: Herbert Vesely und Leo Ti.
     Uraufführung: Cannes. Köln: 22.5.62. . . . .   73.14
```

Deutsche Auslands-Ausgaben

England
```
1965 Auszug. London: Heinemann, 134 S.
     (Heinemann German Texts.) . . . . . . . . .    73.15
```

Frankreich
```
1970 Auszüge u.d.T. "Rationierung". "Die ausge-
     bombte Stadt". In A.Kneib "Blick auf eine
     deutsche Stadt" (Lövenich bei Köln)
     Paris: Masson. 128 S. . . . . . . . . . . .    73.16
```

Schweden
```
1967 Auszug. Stockholm: Almquist & Wiksell.
     120 S. (Svensk skolutgåva) . . . . . . . .     73.17
```

UdSSR
```
1958 im SBd. der BNr. 139. . . . . . . . . . . .   73.18
1966 "   "    "    "    326. . . . . . . . . . .   73.19
```

Übersetzungen

Catalanisch (Sp.)
```
1965 "El pa dels anys joves". Ü: C. Serrallonga.
     Barcelona: Edicions 62. 108 S.(El Balanci 10)  73.20
```

Dänisch
```
1967 "Brødet i de unge år". Ü: Herbert Steinthal.
     Kopenhagen: Grafisk Forlag. 170 S. . . . . .   73.21
```

Englisch
```
1957 "The bread of our early years". Ü: M. Savill.
     London: Arco. 128 S. . . . . . . . . . . . .   73.22
```

Französisch
```
1962 "Le pain des jeunes années". Ü: J.Delpeyrou.
     Paris: Editions du Seuil. 159 S. . . . . . .   73.23
```

Georgisch
```
1964 im SBd. der BNr. 276. . . . . . . . . . . .   73.24
```

Italienisch
```
1961 im SBd. der BNr. 214. . . . . . . . . . . .   73.25
```

Malayalam (Indien)
```
1965 ("Bread of our early years") Appam kittatha
     nalukal. Ü: A.N.Nambiar.
     Kaloor: Sahühya nilayam publishing houese. .   73.26
```

Niederländisch
```
1957 "Het brood van mijn jeugd". Ü: V. Stalling.
     Utrecht: De Fontein. 126 S. . . . . . . . .    73.27
```

Niederländisch
1962 im SBd. der BNr. 226. . . . . 73.28
1967 "   "   "   "   355. . . . . 73.29

Polnisch
1957 "Chleb najwcześniejczych lat".
Ü: Kazimiera Iłłakowiczówna.
Warschau: Panstw. Instytut Wydawn. 142 S. . 73.30

Russisch
1958 "Chleb rannich let". Ü: D. Mel'nikov.
Moskau: Izdatel'stvo inostrannoj literatury. 73.31
1959 im SBd. der BNr. 163. . . . . 73.32

Schwedisch
1957 "Ungdomens bröd". Ü: Per Erik Wahlund.
Stockholm: Norstedt. 134 S. 73.33

Slowenisch
1961 "Kruh zgodnjih let". Ü: Ala Peče.
Ljubljana: Mladinska Knjiga. 96 S. 73.34

Spanisch
1971 "El pan de los años mozos". Ü: Feliu Formosa
Barcelona: Editorial Seix Barral. 73.35

Tschechisch
1959 im SBd. der BNr. 164. . . . . 73.36

Türkisch
1967 "Ilk yillari ekmeği". Ü: Zeyyat Selimoğlu.
Istanbul: Fono-Druckerei. 127 S.
(Serie Nr. 8 des Yank-Verlages). 73.37

Ukrainisch
1969 im SBd. der BNr. 432. . . . . 73.38

Ungarisch
1970 im SBd. der BNr. 473. . . . . 73.39

Seit zwölf Tagen steht Mord an der Tür. (Gerichtsnotizen)
EVZ
1955 (10.12.) Notizen aus dem Kaiserslautener Ge-
richtssaal. In 'Frankfurter Allgemeine Zeitung'.   74

Doktor Murkes gesammeltes Schweigen. (E)
EVZ
1955 (Dez.) in 'Frankfurter Hefte'. 75.1

1958 (EVB) im SBd. der BNr. 135. . . . . 75.2
1960 im SBd. der BNr. 185. . . . . 75.3
1960 "   "   "   "   186. . . . . 75.4
1963 "   "   "   "   243. . . . . 75.5
1963 "   "   "   "   249. . . . . 75.6
1963 "   "   "   "   250. . . . . 75.7
1966 "   "   "   "   319. . . . . 75.8
1966 "   "   "   "   322. . . . . 75.9
1966 "   "   "   "   324. . . . . 75.10
1966 in "Homo viator". Mod. christl. Erzählungen.
Köln: Hegener. 465 S. 75.11

Auszüge, Bearbeitungen, Böll-Aussagen

Deutsche Auslands-Ausgaben

England

Finnland

Japan

Niederlande

Schweden
1960 "Doktor Murkes gesammeltes Schweigen".
(Modern tyskspråkig litteratur).
Stockholm: Norstedt. 54 S.(1963: Neuaufl.) . 75.32

UdSSR
1966 im SBd. der BNr. 326. . . . . 75.33
1968 "   "   "   "   384. . . . . 75.34

USA
1961 in "Die stillste Stunde". Anthologie.
Boston: Ginn. 227 S. 75.35

Ü b e r s e t z u n g e n

Bulgarisch
1968 im SBd. der BNr. 385. . . . . 75.36

Dänisch
1964 im SBd. der BNr. 275. . . . . 75.37

Englisch
1961 "Dr. Murke's collection of silences".
Ü: Richard Graves. In "Modern german
stories". London: Faber and Faber. 232 S. . 75.38
1966 im SBd. der BNr. 327. (USA) 75.39
1967 "   "   "   "   353. . . . . 75.40
1967 in "Great modern european short stories".
New York. (S.280-300) 75.41

Finnisch
1962 im SBd. der BNr. 225. . . . . 75.42

Französisch
1956 "Les silences réunis du docteur Murke". In
'Documents', Paris. Jg.11,Nr.10/11,S.1179-97. 75.43
1966 im SBd. der BNr. 328. . . . . 75.44

Georgisch
1964 im SBd. der BNr. 276. . . . . 75.45

Italienisch
1964 im SBd. der BNr. 277. . . . . 75.46

Niederländisch
1958 im SBd. der BNr. 142. . . . . 75.47
1965 "   "   "   "   303. . . . . 75.48

Norwegisch
1970 im SBd. der BNr. 471. . . . . 75.49

Polnisch
1959 im SBd. der BNr. 162. . . . . 75.50
1967 "   "   "   "   356. . . . . 75.51

Portugiesisch
1960 im SBd. der BNr. 191. . . . . 75.52

Russisch
1959 "Molčanie doktora Murke".
Moskau: Pravda. (Biblioteka ogonek 19) . . . 75.53

Schwedisch
1960 im SBd. der BNr. 192. . . . . 75.54

Spanisch
1963 im SBd. der BNr. 254. . . . . , 75.55
Tschechisch
1959 im SBd. der BNr. 164. . . . . 75.56
Ukrainisch
1969 im SBd. der BNr. 432. . . . . 75.57
Ungarisch
1964 "Murke doktor összegyüjtött csendjei".
Ü: Gábor Vajda. In "Özönviz után".
Budapest: Európa-Verlag. 359 S. 75.58
1965 im SBd. der BNr. 305. . . . . 75.59

Les Innocents et les Conscients. (A)

EVZ
1955 (Die Schuldlosen und Schuldbewußten)
In 'Documents', Paris, Jg.10, Nr.2, S.184-187. . 76

So ward Abend und Morgen. (Sammel-Band: En.)

EVB
1955 Zürich: Verlag Die Arche. 57 S. (1968: 8.Auflage)
(Die kleinen Bücher der Arche 200) 77
I n h a l t
Das Abenteuer
Die Postkarte
So ward Abend und Morgen.
Der Tod der Elsa Baskoleit
Die Waage der Baleks

So ward Abend und Morgen. (E)

EVB
1955 im SBd. der BNr. 77. . . . . 78.1

1956 im SBd. der BNr. 101. . . . . 78.2
1958 in "Moderne Erzähler". 2: Heinrich Böll u.a.
Paderborn: Schöningh. 94 S. (1965: Neuausg.) 78.3
1959 im SBd. der BNr. 159. . . . . 78.4
1960 in "Weltweite Weihnacht".
Bochum: Kamp. 248 S. (1964: 2. Auflage) . . 78.5
1961 im SBd. der BNr. 212. . . . . 78.6
1963 "   "   "   "   229. . . . . 78.7
1963 in "Und er ist Mensch geworden".
20 Weihnachtsgeschichten. (1964: 2. Auflage)
Mainz: Matthias Grünewald Verlag. 249 S. . . . 78.8
1963 in "Eine Rose oder zwei". Die besten Liebes-
geschichten der zeitgen. Weltliteratur.
Stuttgart: Neff. 589 S. (Neff-Anthol. Bd. 4) 78.9
1964 im SBd. der BNr. 272. . . . . 78.10
1965 "   "   "   "   298. . . . . 78.11
1966 "   "   "   "   324. . . . . 78.12
1967 in "Geschichten von der Liebe". Ein Vorlesebuch für junge Erwachsene.
Ebenhausen b. München: Langewiesche-Brandt 78.13
1968 im SBd. der BNr. 383. . . . . 78.14

```
1969 u.d.T. "Es ward Abend und Morgen"
     in 'Das Angebot'.
     Leipzig: St. Benno-Verl. 548 S. (1971: 5.Aufl)   78.15
1969 in "Westermanns Weihnachtsbuch".
     Braunschweig: Westermann. 272 S. . . . . . .  78.16
1970 im SBd. der BNr. 467. . . . . . . . . . . .   78.17
1971  "    "    "    "   497. . . . . . . . . . .  78.18
1971  "    "    "    "   498. . . . . . . . . . .  78.19
1971  "    "    "    "   499. . . . . . . . . . .  78.20
1971  "    "    "    "   500. . . . . . . . . . .  78.21
1972  "    "    "    "   513. . . . . . . . . . .  78.22
```

Auszüge, Bearbeitungen, Böll-Aussagen

```
1965 (14.4.) u.d.T. "Und es ward Abend und Morgen"
     Fernsehfilm im Vorabendprogramm (Werbefern-
     sehen) des Norddeutschen Rundfunk.
     Wiederholung: 24.4.1967. . . . . . . . . . .  78.23
```

Deutsche Auslands-Ausgaben

Japan
```
1957 "So ward Abend und Morgen".
     Tokio: Nankodo. 23 S. . . . . . . . . . . .  78.24
```

USA
```
1968 in "Panorama. Ausdrucksformen moderner Auto-
     ren". Anthologie.
     New York: Scribner. VIII, 222 S. . . . . . .  78.25
```

Ü b e r s e t z u n g e n

Bulgarisch
```
1968 im SBd. der BNr. 385. . . . . . . . . . . .  78.26
```

Dänisch
```
1964 im SBd. der BNr. 275. . . . . . . . . . . .  78.27
```

Englisch
```
1966 im SBd. der BNr. 327.  (USA) . . . . . . . .  78.28
1967  "    "    "    "   353. . . . . . . . . . .  78.29
```

Französisch
```
1957 "Il y eut un soir et un matin". Ü: G. Socard.
     In: Entretiens sur les Lettres et les Arts
     (Rodez/Aveyron) Nr.8, S.30-37. . . . . . . .  78.30
1958 im SBd. der BNr. 141. . . . . . . . . . . .   78.31
```

Niederländisch
```
1958 im SBd. der BNr. 142. . . . . . . . . . . .  78.32
1962  "    "    "    "   226. . . . . . . . . . .  78.33
1967  "    "    "    "   355. . . . . . . . . . .  78.34
```

Polnisch
```
1959 im SBd. der BNr. 162. . . . . . . . . . . .  78.35
```

Slowakisch
```
1966 im SBd. der BNr. 329. . . . . . . . . . . .  78.36
```

Spanisch
```
1964 im SBd. der BNr. 280. . . . . . . . . . . .  78.37
```

Tschechisch
1959 im SBd. der BNr. 164. . . . .   78.38

Türkisch
1967 im SBd. der BNr. 357. . . . .   78.38

Es wird etwas geschehen. (E)

EVZ
1956 (15.1.) in 'Texte und Zeichen', Berlin.
     2.Jg. H.1 (Heft 5 der Gesamtfolge), S.76-80. . .   79.1
1956 (15.4.) in "Aufwärts". Ill. Zeitschrift (des
     DGB) für junge Menschen. 79.2
1957 (9.2.) u.d.T. "Wie ich in Wundsiedels Fabrik
     ausgelastet wurde" in 'Hamburger Echo'. . .   79.3
1958 im SBd. der BNr. 134. . . . .   79.4
1958 "   "   "   "   135. . . . .   79.5
1958 in "Textsammlung moderner Kurzgeschichten".
     Frankfurt: Diesterweg. 107 S.(1969:11.Aufl.)   79.6
1959 im SBd. der BNr. 157. . . . .   79.7
1960 "   "   "   "   185. . . . .   79.8
1960 "   "   "   "   186. . . . .   79.9
1962 in "Deutschland erzählt". 46 Erzählungen.
     Frankfurt: S. Fischer. 333 S.
     (1964: 4.Aufl. 107.-136 Tsd. - 1971: Fi-
     scher-Bücherei 500 , 460. Tsd.) 79.10
1962 in "Erzähler unserer Zeit".5.Humor u. Satire.
     Paderborn: Schöningh. 79 S.(1964:Neuausgabe)   79.11
1963 im SBd. der BNr. 229. . . . .   79.12
1963 "   "   "   "   249. . . . .   79.13
1963 "   "   "   "   250. . . . .   79.14
1963 in "Europa heute". Prosa und Poesie seit 1945
     München: Kindler. 2 Bde. (Bd.2: S.1155) . .   79.15
1963 (Mai) u.d.T. "Es muß etwas geschehen"
     in 'Westermanns Monatshefte', Braunschweig.   79.16
1964 im SBd. der BNr. 272. . . . .   79.17
1965 in "Kurzgeschichten unserer Zeit".
     Braunschweig: Westermann. 219 S. 79.18
1966 im SBd. der BNr. 319. . . . .   79.19
1966 "   "   "   "   322. . . . .   79.20
1966 "   "   "   "   324. . . . .   79.21
1966 in "Scherz beiseite". Die Anthologie der
     deutschsprachigen Prosa-Satire von 1900
     bis zur Gegenwart.
     München: Scherz. 575 S. 79.22
1966 in "... doch in uns das Herz". Kurzge-
     schichten unserer Zeit um das Gute im Men-
     schen. Leipzig: St. Benno-Verlag. 453 S.
     (1969: Neuauflage) 79.23
1968 im SBd. der BNr. 383. . . . .   79.24
1970 "   "   "   "   466. . . . .   79.25
1970 in "Signal". Das Buch für junge Menschen. 6.
     Baden-Baden: Signal-Verlag. 359 S. 79.26
1970 in "lesen". Texte für den Deutschunterricht
     (an Gymnasien). 10. Schuljahr.
     München: Bayerischer Schulbuch-Verlag. 223 S.   79.27

```
1971 im SBd. der BNr. 497. . . . . . . . . . . .   79.28
1971  "   "    "    "    498. . . . . . . . . . . .   79.29
1971  "   "    "    "    499. . . . . . . . . . . .   79.30
1971  "   "    "    "    500. . . . . . . . . . . .   79.31
```
1971 in "Eine kurze Spanne Zeit". Ernste und
     heitere Erzählungen.
     Güterloh: G. Mohn. 80 S. (Großdruck) 79.32
1972 im SBd. der BNr. 513. . . . .   79.33

Deutsche Auslands-Ausgaben

Dänemark
1964 in "Neuere deutsche Erzähler". (2. Ausgabe)
     Kopenhagen: Schultz. 200 S. 79.34
1966 in Eva Kraiberg: "Tysk til rejsebrug og
     daglig tale", 3. (2. Ausgabe). 183 S.
     Kopenhagen: Nyt nordisk forlag A. Busck. ...   79.35

England
1963 im SBd. der BNr. 252. . . . .   79.36

Frankreich
1963 in "Deutsche erleben ihre Zeit. 1942-1962".
     Paris: Didier. 316 S. 79.37
1967 in 'Pariser Kurier', Paris, vom 15.7.67. . .   79.38

Niederlande
1960 im SBd. der BNr. 189. . . . .   79.39

Norwegen
1970 in "Deutsche Texte unserer Zeit".
     Oslo: Aschehoug (W.Nygaard). 323 S. 79.40

Schweden
1968 in Per Gunnar Nordin: "Briefe, Berichte und
     junge Literatur".
     Stockholm: Norstedt. 183 S. 79.41

UdSSR
1968 im SBd. der BNr. 384. . . . .   79.42

USA
1960 im SBd. der BNr. 190. . . . .   79.43
1962 in F.C.Ellert u. P.Heller: "German one ..."
     Boston: University of Massachusetts -
     D.C. Heath and Company. 79.44
1967 in "Der Weg zum Lesen".
     A German structural reader.
     New York: Harcourt, Brace & World. 244 S. .   79.45
1967 in "Das zweite Jahr". Buch 1.
     New York: Scribner's Sons. 347 S. 79.46

Ü b e r s e t z u n g e n

Dänisch
1964 im SBd. der BNr. 275. . . . .   79.47

Englisch
1961 "Something will be done". Ü: Y. Ziolkowski.
     In 'The fat Abbot', Boston, Nr.3, S. 3-8. .   79.48
1962 "Something will be done". In 'Encounter',
     London, Jg.19, Nr.107 = 2 (Aug.) S.16-18.   79.49

Masken. (A)

EVZ
1956 (Jan./März) in "Köln". Vierteljahrsschrift für
die Freunde der Stadt. 82.1

1957 (März) in "Du und die Welt", Köln. 82.3
1964 (9.2.) in 'Echo der Zeit', Recklinghausen. . 82.4

Die Offenbarung der Asozialen. (KRB)

EVZ
1956 (Mai/Juni) Rezension zu E.E.Cummings "Der end-
lose Raum" und Joseph Hayes "An einem Tag wie
jeder andere".
In 'Dokumente', Offenburg, Jg.12, H.3, S.258-260. 83.1

1967 im SBd. der BNr. 350. . . . . 83.2

Wo liegt Paris? (A)

EVZ
1956 (April/Juni) in "Köln", Vierteljahrsschrift für
die Freunde der Stadt (zu Fotos von Chargesheimer). 84

Noch Plätze frei im Raritätenkabinett. (KRB)

EVZ
1956 (Juni). Rezension zu James Jones "Verdammt in
alle Ewigkeit" und Jaroslav Hašek "Die Abenteuer
des braven Soldaten Schwejk (s.a.B.Nr.44)"
in 'Akzente', München. 85.1

1956 (Dez.) in 'Neue deutsche Literatur', Berlin. 85.2

Ein Denkmal für Joseph Roth. (KRB)

EVZ
1956 (22.9.) Rezension über Joseph Roth "Werke in
3 Bänden" in 'Frankfurter Allgemeine Zeitung'. . 86.1

1961 im SBd. der BNr. 212. . . . . 86.2
1963 "   "   "   "   247. . . . . 86.3

Deutsche Auslands-Ausgaben

Schweden
1957 in 'Moderna Språk', Stockholm.
Jg. 51, Nr.1, S. 43-45. . . . . 86.4

Amerika zwischen den beiden Kriegen. (KRB)

EVZ
1956 (21.10.) Rezension zu Saul Bellow "Die Abenteuer
des Augie March" in 'Kölnische Rundschau'. . . . 87.1

1957 (9.3.) u.d.T. "Neues Instrument aus Amerika"
Rezension zu Saul Bellow "Die Abenteuer des
Augie March" in 'Kölner Stadt-Anzeiger'. . . 87.2

Aufstand der Ungarn. (A)

EVZ
1956 (15.11.) in 'Die Kultur', München, H.73. 88

Wie in schlechten Romanen. (E)

EVZ
<u>1956</u> (Dez.) in 'Deutsche Woche', München, Nr. 48. . . 89.1
  1957 (3.3.) u.d.T. "Billigstes Angebot"
     in 'Sonntagsblatt', Hamburg. 89.2
  1958 in "Moderne Erzähler". 2: Heinrich Böll u.a.
     Paderborn: Schöningh. 94 S. (1965: Neuausg.) 89.3
  1959 (EVB) im SBd. der BNr. 157. . . . . 89.4
  1959 im SBd. der BNr. 159. . . . . 89.5
  1961 " " " " 212. . . . . 89.6
  1962 in "Erzähler unserer Zeit!' 5.Humor u. Satire.
     Paderborn: Schöningh. 79 S. (1964:Neuausgabe) 89.7
  1963 im SBd. der BNr. 229. . . . . 89.8
  1964 " " " " 272. . . . . 89.9
  1965 " " " " 298. . . . . 89.10
  1966 " " " " 324. . . . . 89.11
  1968 " " " " 383. . . . . 89.12
  1969 in "Ehebruch und Nächstenliebe", Männer-
     geschichten. Hamburg, Düsseldorf: Claassen. 89.13
  1970 in "lesen". Texte für den Deutschunterricht
     (an Gymnasien). 10. Schuljahr.
     München: Bayerischer Schulbuch-Verlag. 223 S. 89.14
  1971 in "Widerspruch". Lesebuch.
     Paderborn: Schöningh. 243 S. 89.15
  1971 im SBd. der BNr. 497. . . . . 89.16
  1971 " " " " 498. . . . . 89.17
  1971 " " " " 499. . . . . 89.18
  1971 " " " " 500. . . . . 89.19
  1972 " " " " 513. . . . . 89.20

Auszüge, Bearbeitungen, Böll-Aussagen

  1969 Auszug in Heinz Stolte: "Stimmen der Gegen-
     wart". Arbeitsbuch für den Deutschunterricht
     Hamburg: Verl. Handwerk und Technik. 72 S.
     (1971: 3. Aufl.) 89.21
  1964 (5.5.) als Fernsehfilm im Norddeutschen
     Rundfunk-Fernsehen, Hamburg. 89.22
  1969 (22.12.) u.d.T. "Der Zuschlag" als Fernseh-
     film im Westdeutschen Rundfunk-Fernsehen,
     Köln. . . . . , 89.23

Deutsche Auslands-Ausgaben

Finnland
1966 in "Deutsch für die Oberstufe".
     Helsinki: Otava. 366 S. (S.118-129) 89.24
Japan
1964 im SBd. der BNr. 274. . . . . 89.25
Schweden
1961 im SBd. der BNr. 213. . . . . 89.26
1964 in "Der Spiegel". Tyske tekster.
     Stockholm: Gyldendal. 367 S. 89.27
1969 in "Deutsche Literatur" II.
     Texte und Bilder aus den letzten 80 Jahren.
     Lund: Läromedelsförlagen Uniskol. 193 S. . . 89.28

UdSSR
1968 im SBd. der BNr. 384. . . . . 89.29

USA
1960 im SBd. der BNr. 190. . . . . 89.30
1964 in "Spectrum". Modern German thought in
science, literature, philosophy and art.
New York: Holt, Rinehard & Winston. 622 S. . 89.31
1967 in "Das zweite Jahr". Buch 1.
New York: Scribner's Sons. 347 S. 89.32

Ü b e r s e t z u n g e n

Bulgarisch
1968 im SBd. der BNr. 385. . . . . 89.33

Dänisch
1964 im SBd. der BNr. 275. . . . . 89.34

Englisch
1966 im SBd. der BNr. 327. (USA) 89.35
1967 "   "   "   "   353. . . . . 89.36
1967 "Like a bad Dream". Ü: Leila Vennewitz.
In "Ellery Queens Mystery Magazine",
New York. Vol.50, No 10, October (S. 43-48). 89.37

Georgisch
1964 im SBd. der BNr. 276. . . . . 89.38

Niederländisch
1958 im SBd. der BNr. 142. . . . . 89.39
1962 "   "   "   "   226. . . . . 89.40
1967 "   "   "   "   355. . . . . 89.41

Norwegisch
1970 im SBd. der BNr. 471. . . . . 89.42

Polnisch
1959 im SBd. der BNr. 162. . . . . 89.43

Slowakisch
1966 im SBd. der BNr. 329. . . . . 89.44

Spanisch
1964 im SBd. der BNr. 280. . . . . 89.45

Türkisch
1967 im SBd. der BNr. 357. . . . . 89.46

Ukrainisch
1969 im SBd. der BNr. 432. . . . . 89.47

Ungarisch
1960 "Mint rosz regényekben ...". Ü: Zsuzsa Mádl.
In 'Nagyvilág', Budapest. Jg.5, Nr.5. . . . 89.48
1965 im SBd. der BNr. 305. . . . . 89.49

Eine Krone aus Schnee. (E)

EVZ
1956 (23.12.) in 'Sonntagsblatt', Hamburg. 90

Das Risiko des Schreibens. (A)

EVR
1956 (26.12.) u.d.T. "Warum ich schreibe". Vortrag
im Hessischen Rundfunk, Frankfurt. 91.1

Die Stimme Wolfgang Borcherts. (A)

Selbstkritik. (F)

Köln eine Stadt - nebenbei eine Groß-Stadt. (A)

<u>Unberechenbare Gäste.</u> (Sammel-Band: En.)
EVB
1956 Zürich: Verlag Die Arche. 70 S.
(Die kleinen Bücher der Arche,219/220)
1965: 7. Auflage. 1972: Neuauflage (Bd.707) . . . 95

I n h a l t
Erinnerungen eines jungen Königs
Hier ist Tibten
Im Lande der Rujuks
Der Lacher
Mein Onkel Fred
Unberechenbare Gäste
Die unsterbliche Theodora

<u>Mein Onkel Fred.</u> (E)
EVB
1956 im SBd. der BNr. 95. . . . . 96.1

Niederländisch
1958 im SBd. der BNr. 142. . . . . 96.20
1962 "   "   "   "   226. . . . . 96.21

Polnisch
1964 im SBd. der BNr. 279. . . . . 96.22

Portugiesisch
1960 im SBd. der BNr. 191. . . . . 96.23

Slowakisch
1966 im SBd. der BNr. 329. . . . . 96.24

Spanisch
1964 im SBd. der BNr. 280. . . . . 96.25

Türkisch
1967 im SBd. der BNr. 357. . . . . 96.26

Ukrainisch
1969 im SBd. der BNr. 432. . . . . 96.27

Ungarisch
1965 im SBd. der BNr. 305. . . . . 96.28

Erinnerungen eines jungen Königs. (E)

EVB
1956 im SBd. der BNr. 95. . . . . 97.1

1959 im SBd. der BNr. 157. . . . . 97.2
1959 "   "   "   "   159. . . . . 97.3
1961 "   "   "   "   212. . . . . 97.4
1962 in "Das unglaubliche Vorlesebuch".
     Ebenhausen b. München: Langewiesche-Brandt.
     189 S. 1966: 3. Auflage. 97.5
1963 im SBd. der BNr. 229. . . . . 97.6
1964 "   "   "   "   272. . . . . 97.7
1966 "   "   "   "   322. . . . . 97.8
1966 "   "   "   "   324. . . . . 97.9
1968 "   "   "   "   383. . . . . 97.10
1969 "   "   "   "   429. . . . . 97.11
1971 "   "   "   "   497. . . . . 97.12
1971 "   "   "   "   498. . . . . 97.13
1971 "   "   "   "   499. . . . . 97.14
1971 "   "   "   "   500. . . . . 97.15
1972 "   "   "   "   513. . . . . 97.16

Deutsche Auslands-Ausgaben

Australien
1964 in "Begegnungen von A-Z". 15 Erzählungen.
     Melbourne: Heinemann. 118 S. (1965: Neuaufl.) 97.17

Dänemark
1963 in "Tysk laesebog för 3. realklasse ved
     Villads Niels en og Elv Storm.
     Kopenhagen: J.H.Schultz. 140 S. (S.86-90) . 97.18

UdSSR
1968 im SBd. der BNr. 384. . . . . 97.19

USA
1957 im SBd. der BNr. 118. . . . . 97.20
1970 "   "   "   "   468. . . . . 97.21

Ü b e r s e t z u n g e n

Bulgarisch
1968 im SBd. der BNr. 385. . . . . 97.22

Dänisch
1964 im SBd. der BNr. 275. . . . . 97.23

Französisch
1959 im SBd. der BNr. 161. . . . . 97.24

Niederländisch
1968 im SBd. der BNr. 386. . . . . 97.25

Portugiesisch
1960 im SBd. der BNr. 191. . . . . 97.26

Schwedisch
1958 (19.1.) "En gossekungs minne" in
       'Svenska Dagbladet', Stockholm. 97.27

Slowakisch
1966 im SBd. der BNr. 329. . . . . 97.28

Spanisch
1964 im SBd. der BNr. 280. . . . . 97.29

Tschechisch
1959 im SBd. der BNr. 164. . . . . 97.30

Türkisch
1967 im SBd. der BNr. 357. . . . . 97.31

Hier ist Tibten. (E)
EVB
1956 im SBd. der BNr. 95. . . . . 98.1

1959 im SBd. der BNr. 159. . . . . 98.2
1961 "   "   "   "   212. . . . . 98.3
1963 "   "   "   "   229. . . . . 98.4
1964 "   "   "   "   272. . . . . 98.5
1966 "   "   "   "   322. . . . . 98.6
1966 "   "   "   "   324. . . . . 98.7
1968 "   "   "   "   383. . . . . 98.8
1971 "   "   "   "   497. . . . . 98.9
1971 "   "   "   "   498. . . . . 98.10
1971 "   "   "   "   499. . . . . 98.11
1971 "   "   "   "   500. . . . . 98.12
1972 "   "   "   "   513. . . . . 98.13

Deutsche Auslands-Ausgaben

UdSSR
1968 im SBd. der BNr. 384. . . . . 98.14

USA
1960 in "Spiegel der Zeit". Boston:Houghton Mifflin   98.15
1962 in Hugo Mueller: "Deutsch" Drittes Buch.
       Milwaukee: The Price Publ. Comp. (S.142-151)   98.16

Ü b e r s e t z u n g e n

Dänisch
1964 im SBd. der BNr. 275. . . . . 98.17

Englisch
1966 im SBd. der BNr. 327. (USA) 98.18
1967 "   "   "   "   353. . . . . 98.19

Französisch
1959 im SBd. der BNr. 161. . . . . 98.20

Niederländisch
1962 im SBd. der BNr. 226. . . . . 98.21
1967 "   "   "   "   355. . . . . 98.22

Polnisch
1959 im SBd. der BNr. 162. . . . . 98.23

Portugiesisch
1960 im SBd. der BNr. 191. . . . . 98.24

Slowakisch
1966 im SBd. der BNr. 329. . . . . 98.25

Spanisch
1964 im SBd. der BNr. 280. . . . . 98.26

Ukrainisch
1969 im SBd. der BNr. 432. . . . . 98.27

Ungarisch
1965 im SBd. der BNr. 305. . . . . 98.28

Im Lande der Rujuks. (E)

EVB
__1956__ im SBd. der BNr. 95. . . . . 99.1

1959 im SBd. der BNr. 157. . . . . 99.2
1959 "   "   "   "   159. . . . . 99.3
1961 "   "   "   "   212. . . . . 99.4
1963 "   "   "   "   229. . . . . 99.5
1964 "   "   "   "   272. . . . . 99.6
1966 "   "   "   "   322. . . . . 99.7
1966 "   "   "   "   324. . . . . 99.8
1971 "   "   "   "   497. . . . . 99.9
1971 "   "   "   "   498. . . . . 99.10
1971 "   "   "   "   499. . . . . 99.11
1971 "   "   "   "   500. . . . . 99.12
1972 "   "   "   "   513. . . . . 99.13

Deutsche Auslands-Ausgaben

England
1963 im SBd. der BNr. 252. . . . . 99.14

Ü b e r s e t z u n g e n

Dänisch
1964 im SBd. der BNr. 275. . . . . 99.15

Französisch
1959 im SBd. der BNr. 161. . . . . 99.16

Wanderer, kommst du nach Spa ... (Sammel-Band: En.)

I n h a l t
Abenteuer eines Brotbeutels
An der Brücke
Auch Kinder sind Zivilisten
Aufenthalt in X
Die blasse Anna
Die Botschaft
Damals in Odessa
Daniel, der Gerechte
Die Essenholer
Kerzen für Maria
Lohengrins Tod
Der Mann mit den Messern
Mein teures Bein
Mein trauriges Gesicht
So ein Rummel
So ward Abend und Morgen
Steh auf, steh doch auf
Über die Brücke
Unsere gute, alte Renée
Wanderer, kommst du nach Spa ...
Wiedersehen in der Allee
Wiedersehen mit Drüng
Wir Besenbinder
Der Zwerg und die Puppe

Die blasse Anna. (E)

```
1959 im SBd. der B'  . 157. . . . . . . . . . . . .  102.3
1965  "    "    "    "  298. . . . . . . . . . . . .  102.4
1966  "    "    "    "  324. . . . . . . . . . . . .  102.5
1972  "    "    "    "  513. . . . . . . . . . . . .  102.6
```

Deutsche Auslands-Ausgaben

England
1963 in "German for advanced students".
    Oxford University Press. 320 S. 102.7

USA
1960 im SBd. der BNr. 190. . . . . :. . 102.8

Ü b e r s e t z u n g e n

Georgisch
1964 im SBd. der BNr. 276. . . . . 102.9

Polnisch
1959 im SBd. der BNr. 162. . . . . 102.10

aniel, der Gerechte. (E)

VB
956 im SBd. der BNr. 101. . . . . 103.1

```
1957 (12.5.) in 'Tagesspiegel', Berlin. . . . . 103.2
1958 in "Moderne Erzähler". 2: Heinrich Böll u.a.
     Paderborn: Schöningh. 94 S.(1965:Neuausgabe) 103.3
1958 im SBd. der BNr. 134. . . . . . . . . . . . 103.4
1959  "    "    "    "  157. . . . . . . . . . . 103.5
1959  "    "    "    "  159. . . . . . . . . . . 103.6
1961  "    "    "    "  212. . . . . . . . . . . 103.7
1963  "    "    "    "  229. . . . . . . . . . . 103.8
1964  "    "    "    "  272. . . . . . . . . . . 103.9
1965  "    "    "    "  298. . . . . . . . . . . 103.10
1965 in "Vor dem Leben. Schulgeschichten von
     Thomas Mann bis Heinrich Böll".
     München: Nymphenburger Verl.-Hdlg. 303 S. . 103.11
1966 im SBd. der BNr. 324. . . . . . . . . . . . 103.12
1968  "    "    "    "  383. . . . . . . . . . . 103.13
1970 in "Man sage nicht, Lehrer hätten kein Herz"
     Lesebuch über Lehrer mit Texten von Grim-
     melshausen bis Grass.
     München: Kindler. 334 S.  . . . . . . . . . 103.14
1971 im SBd. der BNr. 497. . . . . . . . . . . . 103.15
1971  "    "    "    "  498. . . . . . . . . . . 103.16
1971  "    "    "    "  499. . . . . . . . . . . 103.17
1971  "    "    "    "  500. . . . . . . . . . . 103.18
1972  "    "    "    "  513. . . . . . . . . . . 103.19
```

Deutsche Auslands-Ausgaben

Japan
1964 "Daniel, der Gerechte". Ungek. Schulausgabe.
    Tokio: Nankodo. (Samml. kl. Erzählungen, 39) 103.20

Niederlande
1960 in "Moderne deutsche Kurzgeschichten".
    Purmerend: Muuoses. 71 S. 103.21
1969 in "Recht, Gericht, Gerechtigkeit". Deutsche
    Erzählungen und Gedichte um dieses Thema.
    Groningen: Wolters-Noordhoff. 103 S. 103.22

Ü b e r s e t z u n g e n

Bulgarisch
1968 im SBd. der BNr. 385. . . . . 103.23

Englisch
1966 im SBd. der BNr. 327. (USA) 103.24
1967 "   "   "   "   353. . . . . 103.25

Estnisch
1958 im SBd. der BNr. 140. . . . . 103.26

Französisch
1959 im SBd. der BNr. 161. . . . . 103.27
1960 "Daniel, le juste". Ü: Simone Hutin. In
    'Documents', Jg.15, Nr. 4 (Juli/Aug.) . . . 103.28

Niederländisch
1968 im SBd. der BNr. 386. . . . . 103.29

Polnisch
1959 im SBd. der BNr. 162. . . . . 103.30

Slowakisch
1966 im SBd. der BNr. 329. . . . . 103.31

Spanisch
1964 im SBd. der BNr. 280. . . . . 103.32

Ukrainisch
1969 im SBd. der BNr. 432. . . . . 103.33

Ungarisch
1962 "Dániel, az igazságos". Ü: Károly Doromby.
    In 'Vigilia', Budapest, Jg.27, Nr.1, S.27-32 103.34

Englischer Sammel-Band u.d.T.
"Traveller, if you come to Spa ..."

EVB
1956 London: Arco. 199 S. - Ü: Mervyn Savill. 104
    Inhalt wie bei BNr. 11.

Undines gewaltiger Vater. (E)

EVZ
1957 (10.1.) in 'Frankfurter Allgemeine Zeitung'. . . . 105.1

1959 (EVB) im SBd. der BNr. 157. . . . . 105.2
1959 im SBd. der BNr. 159. . . . . 105.3
1960 Vorwort in "Menschen am Rhein". Text von
    H. Böll. Fotos von Chargesheimer.
    Köln: Kiepenheuer & Witsch. 186 S. 105.4
1960 Dasselbe. Frankfurt: Büchergilde Gutenberg. 105.5
1960 (Okt./Dez.) in "Köln". Vierteljahrsschrift
    für die Freunde der Stadt. 105.6
1965 in Horst Fuchs: "Der Rhein für Anfänger".
    Zürich: Diogenes Verlag. 60 S. 105.7
1965 im SBd. der BNr. 298. . . . . 105.8
1966 "   "   "   "   324. . . . . 105.9
1972 "   "   "   "   513. . . . . 105.10

Deutsche Auslands-Ausgaben

England
1963 im SBd. der BNr. 252. . . . . 105.11

UdSSR
1968 im SBd. der BNr. 384. . . . . 105.12

Ü b e r s e t z u n g e n

Niederländisch
1968 im SBd. der BNr. 386. . . . . 105.13

Norwegisch
1970 im SBd. der BNr. 471. . . . . 105.14

Das weiche Herz des Arno Schmidt. (KRB)

EVZ
1957 (15.1.) Rezension zu Arno Schmidt: "Das steinerne
     Herz" in 'Texte und Zeichen', Berlin.
     3.Jg., H.1 (Heft 11 der Gesamtfolge), S. 85-87. . 106

Reise durch Polen. (A)

EVZ
1957 (Jan./Febr.) u.d.T. "Reise nach Warschau" in
     'Dokumente', Offenburg. 107.1

     1961 (EVB) im SBd. der BNr. 212. . . . . 107.2
     1963 im SBd. der BNr. 229. . . . . 107.3

Die Trauer, die recht behielt. (A)

EVZ
1957 (März). Leben und Werk von Joseph Roth. In
     'Deutsche Rundschau', Stuttgart. S. 274-278. . . 108

Verstehen wir uns? (A)

EVZ
1957 (8.6.) in 'Kölner Stadt-Anzeiger'. 109

Die Spurlosen. (H)

EVR
1957 (Nov.) Gemeinschaftsproduktion des Südwestfunks
     (Baden-Baden), des Bayerischen Rundfunks (München)
     und des Norddeutschen Rundfunk (Hamburg). 110.1

     1957 (EVB) Hamburg: Hans-Bredow-Institut. 32 S.
          (1958: 2. Auflage) 110.2
     1961 im SBd. der BNr. 212. . . . . 110.3
     1964 "   "   "   "   271. . . . . 110.4
     1966 "   "   "   "   323. . . . . 110.5

     Deutsche Auslands-Ausgaben

     England
     1966 im SBd. der BNr. 325. . . . . 110.6

Niederland
1967 in "Friedrich Dürrenmatt und Heinrich Böll".
Drei Hörspiele. Groningen: Wolters. 96 S.   110.7

USA
1967 in 'Böll: Die Spurlosen und Leopold Ahlsen:
Philemon und Baukis'
New York: The Odyssey Press. 117 S. 110.8

Ü b e r s e t z u n g e n

Polnisch
1958 "Nieuchwytni". Ü: Teresa Jetkiewicz.
In 'Dialog' III/8. Warschau. 110.9
1964 im SBd. der BNr. 279. . . . .   110.10

Russisch
1968 (als Kurzgeschichte) im SBd. der BNr. 387. .   110.11

Schwedisch
1959 (14.4.) "De Spårlösa" in
Sveriges Radio, Stockholm. 110.12

Bilanz. (H)

EVR
1957 (2.12.) im Hessischen Rundfunk, Frankfurt. . . .   111.1

1958 (27.2.) im Westdeutschen Rundfunk, Köln. . .   111.2
1958 (3.3.) Wiederholung im Hess. Rundfunk, F. .   111.3
1958 (Sept.-Okt./EVZ) u.d.T. "Wolken wie weiße
Lämmer" in 'Akzente', München. 111.4
1958 in "Hörspielbuch 1958". Frankfurt: Europäische Verl.-Anst. 221 S. S.44-76. . . . . . .   111.5
1961 im SBd. der BNr. 212. . . . .   111.6
1963 "   "   "   "   248. . . . .   111.7
1964 "   "   "   "   271. . . . .   111.8

Auszüge, Bearbeitungen, Böll-Aussagen

1958 (22.4.) "Die Stunde der Wahrheit". Fernseh-
spiel im Norddeutschen Rundfunk, Hamburg,
nach dem Hörspiel "Bilanz". 111.9

Ü b e r s e t z u n g e n

Russisch
1968 (als Kurzgeschichte) im SBd. der BNr. 387. .   111.10

Eine Stunde Aufenthalt. (H)

EVR
1957 (10.12.) im Südwestfunk, Baden-Baden. 112.1

1958 (Okt./EVZ) in 'Merkur', Stuttgart. Jg.12,
H. 128, S.945-963. . . . .   112.2
1961 (EVB) im SBd. der BNr. 212. . . . .   112.3
1964 im SBd. der BNr. 271. . . . .   112.4
1964 "   "   "   "   272. . . . .   112.5
1966 "   "   "   "   323. . . . .   112.6

Ü b e r s e t z u n g e n

Polnisch
1964 im SBd. der BNr. 279. . . . . 112.7

Russisch
1965 im SBd. der BNr. 304. . . . . 112.8
1968 (als Kurzgeschichte) im SBd. der BNr. 387. . 112.9

Schwedisch
1960 (21.8.) "En timmes uppehåll" in
Sveriges Radio, Stockholm. 112.10

Ungarisch
1965 im SBd. der BNr. 305. . . . . 112.11

Der Wegwerfer (E)

EVZ
1957 (24.12./Weihnachten) u.d.T. "Bekenntnis eines
Wegwerfers" in 'Frankfurter Allgemeine Zeitung'. 113.1

1958 (EVB) im SBd. der BNr. 135. . . . . 113.2
1958 Privatdruck. Mit Zeichn. v. R. Sittmann.
Hannoversche Papierfabriken / Alfred Gronau. 113.3
1960 im SBd. der BNr. 185. . . . . 113.4
1960 "   "   "   "   186. . . . . 113.5
1963 "   "   "   "   229. . . . . 113.6
1963 "   "   "   "   243. . . . . 113.7
1963 "   "   "   "   249. . . . . 113.8
1963 "   "   "   "   250. . . . . 113.9
1963 in "Deutsche Prosa. Erzählungen seit 1945".
Stuttgart: Deutsche Verl.-Anst. 498 S.
(1966: 4. Auflage) 113.10
1964 im SBd. der BNr. 272. . . . . 113.11
1965 in "Deutsche Prosa. Erzählungen seit 1945".
München: Deutscher Taschenbuch Verl. 396 S.
(Sonderreihe dtv. 46/Lizenzausg. von 113.10) 113.12
1966 im SBd. der BNr. 319. . . . . 113.13
1966 "   "   "   "   322. . . . . 113.14
1966 "   "   "   "   324. . . . . 113.15
1967 in "Die neue Silberfracht". Ein Lesebuch.
Frankfurt: Hirschgraben-Verlag. 192 S. . . . 113.16
1968 im SBd. der BNr. 383. . . . . 113.17
1969 "   "   "   "   429. . . . . 113.18
1970 "   "   "   "   466. . . . . 113.19
1971 "   "   "   "   497. . . . . 113.20
1971 "   "   "   "   498. . . . . 113.21
1971 "   "   "   "   499. . . . . 113.22
1971 "   "   "   "   500. . . . . 113.23
1972 "   "   "   "   513. . . . . 113.24

Deutsche Auslands-Ausgaben

England
1965 (Auszug) in W.B.Savigny:"Advanced German".
Oxford, London: Pergamon Press. 146 S. S.3/4 113.25

Frankreich
1967 (Auszug) in "Anthologie des auteurs alle-
      mands". T. 2: La poésie allemande de
      Nietzsche à Uwe Johnson.
      Paris: Cloni. 282 S. 113.2

UdSSR
1968 im SBd. der BNr. 384. . . . .   113.2

Ü b e r s e t z u n g e n

Dänisch
1964 im SBd. der BNr. 275. . . . .   113.2

Englisch
1966 im SBd. der BNr. 327. (USA) 113.2
1967 "   "   "   "   353. . . . .   113.3

Finnisch
1962 im SBd. der BNr. 225. . . . .   113.3

Französisch
1966 im SBd. der BNr. 328. . . . .   113.3

Italienisch
1964 im SBd. der BNr. 277. . . . .   113.3

Niederländisch
1961 Einzeldruck. Amsterdam: Wereld-Bibliothek-
      Vereinigung. 113.3
1965 im SBd. der BNr. 303. . . . .   113.3

Polnisch
1964 im SBd. der BNr. 279. . . . .   113.3

Schwedisch
1960 im SBd. der BNr. 192. . . . .   113.3

Spanisch
1963 im SBd. der BNr. 254. . . . .   113.3

Ein Pfirsichbaum in seinem Garten stand. (E)

EVB
1957 u.d.T. "Ein Pfirsich in seinem Garten stand"
      in 'Hausbuch der Geschichten'.
      Freiburg i.Br.: Herder. 459 S. 114.1

1972 im SBd. der BNr. 513. . . . .   114.2

Eine Welt ohne Christus. (A)

EVB
1957 in "Was halten Sie vom Christentum?"
      18 Antworten auf eine Umfrage.
      München: List. 142 S. (List-Bücher 105) 115.1

Auszüge, Bearbeitungen, Böll-Aussagen

1969 u.d.T. "Was halten Sie vom Christentum?" in:
      'Lesebuch für den Religionsunterricht'(Ausz.)
      Stuttgart: Calwer. 274 S. (S.126-127) . . .   115.2
1969 Dasselbe. Ebenda. 239 S. (S.156-157) 115.3

Im Tal der donnernden Hufe. (E)

Slowakisch
1966 im SBd. der BNr. 329. . . . . 116.31
Spanisch
1964 im SBd. der BNr. 280. . . . . 116.32
Ungarisch
1964 "A dübörgö paták völgyében". Ü: Arpád Fáy.
 In 'Nagyvilág' Budapest, Jg.9, Nr.10,
 S. 1469-1495. . . . . 116.33
1965 im SBd. der BNr. 305. . . . . 116.34

Irisches Tagebuch. (En) +)

EVB
1957 Köln: Kiepenheuer & Witsch. 155 S.
 (1970: 10. Aufl., 45.-47.Tsd.) 117.1
I n h a l t
1. Ankunft I.
2. Ankunft II.
3. Bete für die Seele des Michael O'Neill.
4. Mayo, God help us.
5. Skelett einer menschlichen Siedlung.
6. Ambulanter politischer Zahnarzt.
7. Porträt einer irischen Stadt:
 Limerick am Morgen. Limerick am Abend.
8. Als Gott die Zeit machte.
9. Betrachtungen über den irischen Regen.
10. Die schönsten Füße der Welt.
11. Der tote Indianer in der Duke Street.
12. Der Blick ins Feuer.
13. Wenn Seamus einen trinken will ...
14. Das neunte Kind der Mrs. D.
15. Kleiner Beitrag zur abendländischen
 Mythologie.
16. Kein Schwan war zu sehen.
17. Redensarten.
18. Abschied.

1959 Darmstadt: Deutsche Buch-Gemeinschaft. . . 117.2
1960 im SBd. der BNr. 185. . . . . 117.3

+) Das "Irische Tagebuch", obgleich aus in sich
abgeschlossenen 18 kleinen Erzählungen bzw. Reise-
Skizzen bestehend, wird durch die sehr enge Bin-
dung dieser Erzählungen zum Haupt-Titel nicht als
Sammel-Band angesehen, d. h., seine Einzel-Titel
werden nicht, wie sonst bei den Sammel-Bänden,
jeder für sich bibliographiert. - Die Vorabdrucke
von elf Erzählungen in der 'FAZ' und einer im
'Jahresring 1955/56' sind mehr oder weniger
stark überarbeitet worden, so daß man kaum von
echten Vorabdrucken sprechen kann. Sie werden,
der Vollständigkeit halber, neben den sonstigen
Auszügen aus dem "Irischen Tagebuch", an gleicher
Stelle aufgenommen.

```
1961 München: Deutscher Taschenbuch-Verlag. 159 S.
     (dtv-Tb. 1) 1973: 17.Aufl., 466.-490.Tsd. .   117.4
1963 im SBd. der BNr. 229. . . . . . . . . . . .   117.5
1963 "   "    "    "     249. . . . . . . . . . . .   117.6
1963 "   "    "    "     250. . . . . . . . . . . .   117.7
1964 "   "    "    "     272. . . . . . . . . . . .   117.8
1966 Leipzig: Insel-Verlag. 151 S.
     (Insel-Bücherei 498) 1971: 31.-50. Tsd. . .   117.9
1968 Berlin, Darmstadt: Deutsche Friedrich-
     Schiller-Stiftung e. V. (Großdruck) . . . .   117.10
1968 im SBd. der BNr. 383. . . . . . . . . . . .   117.11
```

Auszüge, Bearbeitungen, Böll-Aussagen

```
1954 (24.12./Auszug) in 'Frankfurter Allgemeine
     Zeitung'. Vorabdruck der Erz. Nr. 2 u.d.T.
     "Der erste Tag". . . . . . . . . . . . . .   117.12
1955 (26. 3./Auszug) in 'FAZ'. Vorabdruck
     der Erz. Nr. 7. . . . . . . . . . . . . .   117.13
1955 (14. 5./Auszug) in 'FAZ'. Vorabdruck
     der Erz. Nr. 15 u.d.T. "Auf einer kleinen
     Insel". . . . . . . . . . . . . . . . . .   117.14
1955 (16. 7./Auszug) in 'FAZ'. Vorabdruck
     der Erz. Nr. 5. . . . . . . . . . . . . .   117.15
1955 (26. 8./Auszug) in 'FAZ'. Vorabdruck
     der Erz. Nr. 12 u.d.T. "Torfklumpen im Kamin"  117.16
1955 in 'Jahresring 55/56'. Stuttgart: Deutsche
     Verl.-Anst. Vorabdruck der Erz. Nr. 11. . .   117.17
1956 ( 6. 3./Auszug) in 'FAZ'. Vorabdruck
     der Erz. Nr. 6 u.d.T. "Gedanken eines rei-
     senden Zahnarztes". . . . . . . . . . . .   117.18
1956 (31. 3./Auszug) in 'FAZ'. Vorabdruck
     der Erz. Nr. 11. . . . . . . . . . . . . .   117.19
1956 ( 7. 7./Auszug) in 'FAZ'. Vorabdruck
     der Erz. Nr. 4. . . . . . . . . . . . . .   117.20
1956 (19. 7./Auszug) in 'FAZ'. Vorabdruck
     der Erz. Nr. 8. . . . . . . . . . . . . .   117.21
1956 (August/Auszug) u.d.T. "Bilder aus Irland"
     in 'Westermanns Monatshefte', Braunschweig.   117.22
1957 ( 8. 1./Auszug) in 'FAZ'. Vorabdruck
     der Erz. Nr. 17 u.d.T. "Es könnte schlim-
     mer sein". . . . . . . . . . . . . . . . .   117.23
1957 ( 9. 3./Auszug) in 'FAZ'. Vorabdruck
     der Erz. Nr. 18 u.d.T. "Der Abschied von
     Irland fiel schwer". . . . . . . . . . . .   117.24
1957 (Juni) Auszug: "Betrachtungen über den iri-
     schen Regen (9)" in 'Welt und Wort', Tübin-
     gen. (Leseprobe mit kritischem Vorspann) . .   117.25
1962 "Als Gott die Zeit machte (8)" in "Spiege-
     lungen unserer Zeit".
     Wiesbaden: Krauskopf 1962. . . . . . . . .   117.26
1968 Auszug u.d.T. "Dublin" in "Augenblicke
     unterwegs". Deutsche Reiseprosa unserer Zeit
     Hamburg: Hoffmann u. Campe. 398 S. . . . .   117.27
1968 "Redensarten (17)" in "Deutsches Lesebuch".
     Frankfurt: Diesterweg. 195 S. (S.144) . . .   117.28
```

1970 Auszüge u.d.T. "Der tote Indianer in der
Duke Street". Erzählungen und Skizzen aus
"Irisches Tagebuch". (Schulausgabe)
Lübeck: Matthiesen. 31 S. (Die Leserunde.
Dichter der Gegenwart, 42)

Deutsche Auslands-Ausgaben

Belgien
1957 "Gedanken eines reisenden politischen
Zahnarztes" (= Ambulanter politischer Zahn-

England
1967 "Limerik am Morgen" (7).in "German today".
A selection of contemporary passages for
translation practice.

Frankreich
1967 "Skelett einer menschlichen Siedlung" (5) in
'Anthologie des auteurs allemands'. T.2: 'La
poésie allemande de Nietzsche à Uwe Johnson'.

Japan
1963 Auszüge u.d.T. "Ambulanter politischer Zahnarzt". Tokio: Dōgakusha Verl. 38 S.

Niederlande
1964 Auszüge u.d.T. "Irisches Tagebuch".
Groningen: Nordhoff. 87,18 S. (Moderne
deutsche Bibliothek Nr. 6)

USA
1961 "Betrachtungen über den irischen Regen" (9)
in 'Die stillste Stunde'. Anthologie.

Ü b e r s e t z u n g e n

Dänisch
1965 "Irsk Dagbog". Ü: Herbert Steinthal.

Englisch
1967 "Irish Journal". Ü: Leila Vennewitz.

Französisch
1969 "Journal irlandais". Ü: Charles Bladier.

Italienisch
1961 "Diario d'Irlanda". Ü: Marianello Marianelli

Niederländisch
1958 "Wie gaat er mee naar Ierland varen?"
    Ü: J.W.F. Werumeus Buning.
    Rotterdam: Donker. 135 S. 117.41
    1969 Neuausgabe u.d.T. "Iers dagboek"
    Amsterdam, Brüssel: Elsevier. 109 S. 117.42

Russisch
1964 "Irlandskij dnevnik". Ü: V. Nefed'ev u.
    S. Fridljand. In 'Novyi mir',
    Moskau, Jg.40, Nr.5, S.55-105. . . . . 117.43

Tschechisch
1965 "Irský denik". Ü: Jan Scheinost.
    Prag: Lidová demokracie. 120 S. 117.44

Ungarisch
1963 "Irországi napló". Ü: Károly Doromby.
    Budapest: Europa-Verlag. 145 S. 117.45

Abenteuer eines Brotbeutels und andere Geschichten.

    (SBd./Deutsche Auslands-Ausgabe/USA)

1957 New York: Norton. VIII, 54 S. 118

    I n h a l t
    Abenteuer eines Brotbeutels
    An der Brücke
    Auch Kinder sind Zivilisten
    Die Botschaft
    Erinnerungen eines jungen Königs
    Mein teures Bein

Russische Sammel-Beiträge

in "Inostrannaja literatura" (Ausländische Literatur)

1957 Moskau: Izsatel'stvo Izvestija. 5. S. 29-66. . . 119

    I n h a l t
    Abenteuer eines Brotbeutels
    Die Botschaft
    Geschäft ist Geschäft
    Der Lacher
    Lohengrins Tod
    Mein teures Bein
    Mein trauriges Gesicht
    Wanderer, kommst du nach Spa ...
    Wir Besenbinder
    Der Zwerg und die Puppe

So war es. (A)

EVZ
1958 (Jan.) in 'Die allgemeine Sonntagszeitung',
    Stuttgart. 3.Jg. Nr.1. 120

Auch dies ist Amerika. (KRB)

EVZ
1958 (Febr.) Rez. zu T.Capote "Baum der Nacht u.a.Erz."
    In 'Neue deutsche Hefte', Gütersloh. Jg.4, H.43. . 121

Der Bahnhof von Zimpren. (E)

EVZ
<u>1958</u> (18.7.) in 'Die Zeit', Hamburg. 122.1

     1959 (EVB) im SBd. der BNr. 157. . . . .   122.2
     1959 in "Auf den Spuren der Zeit". Junge deutsche
     Prosa.
     München: List. 194 S. (List-Bücher 137) . .   122.3
     1960 in "Die Reise zum wonnigen Fisch". Die
     besten Humoresken der zeitg. Weltliteratur.
     Stuttgart, Wien: Neff. 615 S.(Neff-Anthol.1)   122.4
     1961 im SBd. der BNr. 212. . . . .   122.5
     1963 "   "   "   "   229. . . . .   122.6
     1963 "   "   "   "   246. . . . .   122.7
     1964 "   "   "   "   272. . . . .   122.8
     1966 "   "   "   "   322. . . . .   122.9
     1966 "   "   "   "   324. . . . .   122.10
     1968 "   "   "   "   383. . . . .   122.11
     1969 "   "   "   "   429. . . . .   122.12
     1971 "   "   "   "   497. . . . .   122.13
     1971 "   "   "   "   498. . . . .   122.14
     1971 "   "   "   "   499. . . . .   122.15
     1971 "   "   "   "   500. . . . .   122.16
     1972 "   "   "   "   513. . . . .   122.17

Deutsche Auslands-Ausgaben

UdSSR
1968 im SBd. der BNr. 384. . . . .   122.18

USA
1960 im SBd. der BNr. 190. . . . .   122.19

Ü b e r s e t z u n g e n

Bulgarisch
1968 im SBd. der BNr. 385. . . . .   122.20

Französisch
1959 im SBd. der BNr. 161. . . . .   122.21

Italienisch
1964 im SBd. der BNr. 277. . . . .   122.22

Niederländisch
1968 im SBd. der BNr. 386. . . . .   122.23

Polnisch
1964 im SBd. der BNr. 279. . . . .   122.24

Slowakisch
1966 im SBd. der BNr. 329. . . . .   122.25

Spanisch
1964 im SBd. der BNr. 280. . . . .   122.26

Ungarisch
1965 im SBd. der BNr. 305. . . . .   122.27

<u>Brief an einen jungen Katholiken.</u> (A)

EVB
<u>1958</u> in "Christ und Bürger heute und morgen".

Auszüge, Bearbeitungen, Böll-Aussagen

Deutsche Auslands-Ausgaben

Japan

Ü b e r s e t z u n g e n

Niederländisch

Ungarisch

<u>Straßen wie diese.</u> (A)

EVZ
<u>1958</u> (Juli/Sept.) u.d.T. "Unter Krahnenbäumen" in

Auszüge, Bearbeitungen, Böll-Aussagen

<u>Eugénie Grandet.</u> (II)

EVR
<u>1958</u> (21.10.) Hörspiel nach Balzac. Sendung: West-

Auszüge, Bearbeitungen, Böll-Aussagen

1962 Auszüge u.d.Tn. 'Im Ruhrgebiet' und 'Der
     Bergarbeiter' in "Im Zeichen der Hoffnung".
     Ein Lesebuch. München: Hueber. 712 S. 132.4
1970 Auszüge u.d.T. 'Fahrkarte nach Bochum' und
     'Zwischen zwei Zahltagen' in "Mein Lesebuch
     für das 6. Schuljahr.
     München: Bayerischer Schulb.-Verlag. 208 S.   132.5
1970 Auszug u.d.T. 'Heimat Ruhr' in "lesen".
     Texte für den Deutschunterricht (an Gymnasien)
     München: Bayerischer Schulb.-Verlag. 223 S.   132.6

Deutsche Auslands-Ausgaben

Frankreich
1964 Auszug in Jacques Martin: "Die Deutschen im
     20. Jahrhundert".
     Paris: Didier. 335 S. 132.7
1970 Auszug in A. Kneib: "Blick auf eine deutsche
     Stadt" (Lövenich bei Köln).
     Paris: Masson. 128 S. 132.8

Ü b e r s e t z u n g e n

Russisch
1960 Auszug in 'Inostrannaja literatura',
     Moskau. Nr. 2. . . . .   132.9

Eine Kiste für Kop. (E)

EVB
1958 in "Das Wort der Brüderlichkeit" u.d.T. "Eine
     Weihnachtskiste für Kop".
     Göttingen: Vandenhoeck & Ruprecht. 84 S. . . .   133.1

1959 im SBd. der BNr. 157. . . . .   133.2
1960 u.d.T. "Eine Weihnachtskiste für Kop" in
     'Deutsche Zeitung', Köln. (Weihnachten) . .   133.3
1961 im SBd. der BNr. 212. . . . .   133.4
1962 in "Erzähler unserer Zeit". 2. Des Menschen
     Angst und Qual.
     Paderborn: Schöningh. 94 S. (1964: Neuausg.)   133.5
1963 im SBd. der BNr. 246. . . . .   133.6
1965 "   "   "   "   298. . . . .   133.7
1966 "   "   "   "   324. . . . .   133.8
1971 "   "   "   "   497. . . . .   133.9
1971 "   "   "   "   498. . . . .   133.10
1971 "   "   "   "   499. . . . .   133.11
1971 "   "   "   "   500. . . . .   133.12
1972 "   "   "   "   513. . . . .   133.13

Deutsche Auslands-Ausgaben

Japan
1964 "Eine Kiste für Kop". Erl. von H.Fukuda.
     Tokio: Sansyusya Verl. 28, 27 S. (Schulausg.)   133.14

USA
1965 in John J. Mulligan: "Jetzt lesen wir!"
     Chicago: Scott, Foresman and Comp. 273 S. . .   133.15

Uebersetzungen

Englisch
1964 "A crate for Kop". Ü: J.Edward u. L.Hardy.
In 'The modern talent'. Anthologie.
New York: Holt, Rinehart & Winston. 502 S. .
1966 im Sbd. der BNr. 327. (USA) . . . .
1967 "   "   "   "   353. . . . .

Französisch
1959 im SBd. der BNr. 161. . . . .

Niederländisch
1968 im SBd. der BNr. 386. . . . .

Norwegisch
1970 im SBd. der BNr. 471. . . . .

Slowakisch
1966 im SBd. der BNr. 329. . . . .

Spanisch
1964 im SBd. der BNr. 280. . . . .

Ukrainisch
1969 im SBd. der BNr. 432. . . . .

Wanderer, kommst du nach Spa ... (Sammel-Band: En)

1958 München: List. 169 S. (List-Bücher 69)
2. Auflage von BNr. 101 (31.-40.Tsd.) . . . . . .

Inhalt wie bei BNr. 101
ohne "So ward Abend und Morgen", dafür
mit "Es wird etwas geschehen".

Doktor Murkes gesammeltes Schweigen u.a. Satiren. (SBd.)

EVB
1958 Köln: Kiepenheuer & Witsch. 157 S.
(1972: 19. Aufl., 205.-214. Tsd.) . . . .

I n h a l t
Doktor Murkes gesammeltes Schweigen
Es wird etwas geschehen
Hauptstädtisches Journal
Nicht nur zur Weihnachtszeit
Der Wegwerfer

Hauptstädtisches Journal. (E)

EVB
1958 im SBd. der BNr. 135. . . . .

1960 im SBd. der BNr. 185. . . . .
1960 "   "   "   "   186. . . . .
1960 (Okt./Nov.) in 'Sonntag', Berlin. Nr. 43+44
1963 im SBd. der BNr. 243. . . . .
1963 "   "   "   "   249. . . . .
1963 "   "   "   "   250. . . . .
1966 "   "   "   "   319. . . . .
1966 "   "   "   "   322. . . . .
1966 "   "   "   "   324. . . . .

Und sagte kein einziges Wort.
    (SBd./Deutsche Auslands-Ausgabe/UdSSR)
<u>1958</u> Moskau: Verlag für fremdsprachige Literatur.
    313 S. 1963: 2. Auflage. 139
    I n h a l t
    An der Brücke
    Die Botschaft
    Das Brot der frühen Jahre
    Lohengrins Tod
    Der Mann mit den Messern
    Und sagte kein einziges Wort
    Wanderer, kommst du nach Spa ...

Estnischer Sammel-Band u.d.T.
<u>"Jällenägemine puisteel" (Wiedersehen in der Allee)</u>
EVB
<u>1958</u> Tallinn (Reval): Gaz.-Žurn. izd. 56 S.
    Ü: V. Villandi. 140
    I n h a l t
    Abenteuer eines Brotbeutels
    Auch Kinder sind Zivilisten
    Die Botschaft
    Damals in Odessa
    Daniel, der Gerechte
    Lohengrins Tod
    Mein teures Bein
    Mein trauriges Gesicht
    Die ungezählte Geliebte (= An der Brücke)
    Wanderer, kommst du nach Spa ...
    Wiedersehen in der Allee
    Wir Besenbinder

Französischer Sammel-Band u.d.T.
<u>"La mort de Lohengrin"</u>
EVB
<u>1958</u> Paris: Editions du Seuil. 183 S. Ü: Andr'e Starcky 141
    I n h a l t
    An der Brücke
    Auch Kinder sind Zivilisten
    Aufenthalt in X
    Die Botschaft
    Lohengrins Tod
    Der Mann mit den Messern
    Mein teures Bein
    Mein trauriges Gesicht
    Nicht nur zur Weihnachtszeit
    So ward Abend und Morgen
    Unsere gute, alte Renée
    Die Waage der Baleks
    Wanderer, kommst du nach Spa ...
    Wiedersehen mit Drüng
    Wir Besenbinder

Niederländischer Sammel-Band u.d.T.
"Verhalen" (Erzählungen)

I n h a l t
Abenteuer eines Brotbeutels
Doktor Murkes gesammeltes Schweigen
Im Tal der donnernden Hufe
Der Lacher
Der Mann mit den Messern
Mein Onkel Fred
Nicht nur zur Weihnachtszeit
So ward Abend und Morgen
Unberechenbare Gäste
Die Waage der Baleks
Wie in schlechten Romanen
Wir Besenbinder

I n h a l t
Damals in Odessa
Geschäft ist Geschäft
Lohengrins Tod
Der Mann mit den Messern
Trunk in Petöcki
Wanderer, kommst du nach Spa ...
Wiedersehen in der Allee
Über mich selbst (A)

Über mich selbst. (A)

Deutsche Auslands-Ausgaben

Schweden
1964 in "Der Spiegel". Tyske tekster.
    Stockholm: Gyldendal. 367 S. 144.11

UdSSR
1968 im SBd. der BNr. 384. . . . .   144.12

Ü b e r s e t z u n g e n

Niederländisch
1962 im SBd. der BNr. 226. . . . .   144.13
1967 "   "   "   "   355. . . . .   144.14

Russisch
1965 im SBd. der BNr. 304. . . . .   144.15

Ungarisch
1965 im SBd. der BNr. 305. . . . .   144.16
1969 "   "   "   "   433. . . . .   144.17

Die Sprache als Hort der Freiheit. (RAV)

EVR
<u>1959</u> (24.1.) Rede, gehalten anläßlich der Entgegen-
nahme des Eduard-von-der-Heydt-Preises in Wuppertal (1.Wuppertaler Rede). 145.1

1959 (24.1./EVB) in "Der Schriftsteller H. Böll".
    Köln: Kiepenheuer & Witsch (Erstmals ver-
    öffentlicht auf Anregung der Stadt Wuppertal
    anläßlich der Verleihung des 'Eduard-von-
    der-Heydt-Preises' am 24.1.1959) 145.2
1961 im SBd. der BNr. 212. . . . .   145.3
1963 "   "   "   "   229. . . . .   145.4
1963 "   "   "   "   247. . . . .   145.5
1964 "   "   "   "   272. . . . .   145.6

Auszüge, Bearbeitungen, Böll-Aussagen

1966 in "Über die Sprache" als Auszug. Erfahrun-
    gen u.Erkenntnisse deutscher Dichter und
    Schriftsteller des 20. Jahrhunderts.
    Bremen: Schünemann. XXII, 660 S.
    (Sammlung Dieterich 311) 145.7
1966 Auszug in Hans Lobentanzer: "Der sichere Weg
    zum Prüfungsaufsatz". Bd. 2.
    München: Hueber. 208 S. 145.8

Deutsche Auslands-Ausgaben

Schweden
1960 (Sept.) als Auszug in 'Moderna Språk'
    Stockholm. Jg. 54, Nr. 3 (S.285-289) 145.9

Japan
1964 im SBd. der BNr. 273. . . . .   145.10

UdSSR
1968 im SBd. der BNr. 384. . . . .   145.11

Ü b e r s e t z u n g e n

Niederländisch
1962 im SBd. der BNr. 226. . . . . 145.12

tadt der alten Gesichter. (A)

VB
959 (24.1.) in "Der Schriftsteller Heinrich Böll".
Köln: Kiepenheuer & Witsch (Erstmals ver-
öffentlicht auf Anregung der Stadt Wuppertal
anläßlich der Verleihung des 'Eduard-von-der-
Heydt-Preises' am 24.1.1959). 146.1

1959 (Okt.) in 'Du', Zürich. Nr. 226 . . . . . . 146.2
1961 im SBd. der BNr. 212. . . . . 146.3
1963 "   "   "   "   229. . . . . 146.4
1963 "   "   "   "   247. . . . . 146.5
1964 "   "   "   "   272. . . . . 146.6
1967 in "Geliebte Stadt" u.d.T. "Köln" (ist für
    mich die Stadt der alten Gesichter).
    Hannover: Fackelträger-Verlag. 254 S. . . . 146.7

Ü b e r s e t z u n g e n

Russisch
1965 im SBd. der BNr. 304. . . . . 146.8

Ungarisch
1969 im SBd. der BNr. 433. . . . . 146.9

r Verteidigung der Waschküchen. (A)

VB
959 (24.1.) in "Der Schriftsteller Heinrich Böll".
Köln: Kiepenheuer & Witsch (Erstmals veröffent-
licht auf Anregung der Stadt Wuppertal anläßlich
der Verleihung des 'Eduard-von-der-Heydt-Preises'
am 24.1.1959). 147.1

1960 (Okt.) in 'Evangelischer Digest', Stuttgart.
    Jg.2, Nr. 10. . . . . 147.2
1961 im SBd. der BNr. 212. . . . . 147.3
1963 "   "   "   "   229. . . . . 147.4
1963 "   "   "   "   247. . . . . 147.5
1964 "   "   "   "   272. . . . . 147.6
1972 in "Deutsche Nobel Galerie". Percha: R.S.Schulz 147.7
Auszüge, Bearbeitungen, Böll-Aussagen

1969 Auszug in "Die richtige Seite". Bürgerliche
    Stimmen zur Arbeiterbewegung.
    Berlin: Der Morgen. 291 S. (S.272) 147.8

Deutsche Auslands-Ausgaben

UdSSR
1968 im SBd. der BNr. 384. . . . . 147.9

Übersetzungen

Niederländisch
1962 im SBd. der BNr. 226. . . . . 147.1

Ungarisch
1961 "A mosókonyhák védelmében". Ü: K. Doromby.
In 'Nagyvilág', Budapest.
Jg. 6, Nr. 11, S. 1658–1659. . . . . 147.1

Großeltern gesucht. (A)

EVZ
<u>1959</u> (13.3.) in 'Die Zeit', Hamburg. 148.1

1959 (18.10.) in 'Echo der Zeit', Recklinghausen. 148.2
1961 (EVB) im SBd. der BNr. 212. . . . . 148.3
1963 im SBd. der BNr. 229. . . . . 148.4
1963 "   "   "   "   247. . . . . 148.5
1964 "   "   "   "   272. . . . . 148.6

Übersetzungen

Ungarisch
1969 im SBd. der BNr. 433. . . . . 148.7

Vorsicht! Bücher! (A)

EVZ
<u>1959</u> (15.3.) in 'Die Kultur', München. H. 128.   . . . 149

Lämmer und Wölfe. (RAV)

EVR
<u>1959</u> (25.6.) Ansprache bei der Verleihung des Großen
Kunstpreises des Landes Nordrhein-Westfalen für
Literatur. 150.1

1959 (26.6./EVZ) in 'Rheinischer Post' (Neuß–
Grevenbroicher Zeitung, Neuß) 150.2
1963 im SBd. der BNr. 247. . . . . 150.3
1967 "   "   "   "   350. . . . . 150.4

Der Zeitungsverkäufer. (A)

EVZ
<u>1959</u> (Juli/Sept.) in 'Köln', Vierteljahresschrift für
die Freunde der Stadt. 151.1

1961 (EVB) im SBd. der BNr. 212. . . . . 151.2
1963 im SBd. der BNr. 247. . . . . 151.3

Übersetzungen

Ungarisch
1969 im SBd. der BNr. 433. . . . . 151.4

Billard um halbzehn. (R)

EVB
<u>1959</u> (Sept.) Köln: Kiepenheuer & Witsch. 304 S.   . . . 152.1
(1970: 7.Aufl., 77.–79.Tsd.)

1961 Frankfurt: Büchergilde Gutenberg. 366 S.
     Ill.: Otto Rohse. 152.2
1961 Darmstadt: Deutsche Buchgemeinschaft. 330 S.
     (1963: Neuauflage) 152.3
1961 Leipzig: Insel-Verlag. 319 S.
     (1970: 3. Aufl., 36.-55.Tsd.) 152.4
1963 München: Droemer. 240 S. (Knaur-Tb. 8. -
     1971: -335.Tsd.) 152.5
1964 Zürich: Buchclub Ex Libris. 152.6
1965 Gütersloh: Bertelsmann Lesering.(Neudr.1969) 152.7
1968 Stuttgart: Deutscher Bücherbund. 333 S.
     Ill.: Erich Berendt. 152.8
1971 im SBd. der BNr. 496. . . . . 152.9

Auszüge, Bearbeitungen, Böll-Aussagen

1959 (25.7. - 2.10.)   V o r a b d r u c k
     in der 'Frankfurter AllgemeinenZeitung'. . . . 152.10
1960 (Febr.) Auszug u.d.T. "Die gesprengte Abtei"
     in 'Welt und Wort', Tübingen. (Leseprobe
     mit kritischem Vorspann) 152.11
1965 (4.7.) Film (frei nach 'Billard um halbzehn'
     von Jean-Marie Straub) u.d.T. "Nicht ver-
     söhnt " oder "Es hilft nur Gewalt, wo Gewalt
     herrscht". Uraufführung im 'Atelier am Zoo',
     Berlin. 152.12
     1969 (25.8.) Erste Fernsehsendung im ARD. . 152.13
     1970 (1.11.) Wiederholung im Fernsehen des
          Bayerischen Rundfunks, München. 3.Progr 152.14

Deutsche Auslands-Ausgaben

Frankreich
1967 Auszug u.d.T. "Mit der Elf fahren" in
     "L'allemand en première."
     Paris: Librairie Hachette. (S.34-35) 152.15

Polen
1965 Schlußkapitel in Z.Zygulski, M.Szyrocki:
     "Auswahl von Texten zur Geschichte der deut-
     schen Literatur". 4. Band. (S.375-392)
     Warschau: Państwowe wydawnictwo naukowe. . . 152.16

USA
1964 Auszug aus Kap. 6 u. 7 in "Stimmen von
     heute".
     New York: Harcourt, Brace & World. 255 S. 152.17

Ü b e r s e t z u n g e n

Bulgarisch
1962 "Biljard v devet i polovina". Ü: T.Berberov.
     Sofia: Narodna Kultura. 332 S. 152.18

Catalanisch (Sp.)
1968 "Billar a dos quarts de deu". Ü: Carles
     Unterlohner Claveguera.
     Barcelona: Edicions 62 (El Balanci 49) . . . 152.19

Dänisch
1960 "Billard klokken halv ti". Ü: H. Steinthal.
Kopenhagen: Grafisk Forlag. 240 S. 152.20

Englisch
1961 "Billiards at half-past nine". Ü: P. Bowles.
London: Weidenfeld and Nicolson. 286 S. . . .   152.21
1965 London: Calder. 280 S. (Jupiter Book) .   152.22
1962 "Billiards at half-past nine".
New York: McGraw-Hill. 280 S. (McGraw-Hill
Paperbacks) 152.23
1965 New American Library. 256 S. (Signet
Book, 2740). 152.24

Finnisch
1960 "Biljardia puoli kymmeneltä". Ü: K.Kivivuori
Helsinki: Otava. 321 S. 152.25

Französisch
1961 "Les deux sacrements". Ü: Solange et Georges
de Lalène. Paris: Editions du Seuil. 272 S.   152.26

Italienisch
1962 "Biliardo alle nove e mezzo". Ü: M.Marianelli
Mailand: Mondadori. 357 S. 152.27

Japanisch
1965 "Kuji han no tamatsuki". Ü: Koichi Sato.
Tokio: Hakasuisha. 320 S. 152.28

Lettisch
1965 "Biljards pusedesmitos". Ü: H. Lapina.
Brooklin, N.Y.: Gramatu Draugs
(Latvian newspaper 'Laiks'). 254 S. 152.29

Litauisch
1965 "Biliardos puse desimtos". Ü: E.Vengriene.
Wilna. 289 S. 152.30

Niederländisch
1960 "Biljarten om half tien". Ü: Michel van der
Plas. Amsterdam, Brüssel: Elsevier.
(1965: 6. Aufl.) 152.31

Norwegisch
1960 "Biljard klokken halv ti". Ü: Morten Ringard
Oslo: Gyldendal. 268 S. 152.32

Polnisch
1961 "Bilard o w pól do dziesiątej". Ü: Teresa
Jętkiewicz. Warschau: Pax. 327 S. 152.33

Portugiesisch
1961 "Bilhar às nove e meia". Ü: João Carlos
Beckert d'Assumpçao.
Lissabon: Editorial Aster. 367 S. 152.34

Rumänisch
1966 "Partida de biliard de la ora 9 1/2". Ü: Mi-
hai Ishăşescu. Bukarest: Editura pentru
Literatură Universală. 415 S. 152.35

Russisch
1961 "Biljard v polovine desjatogo". Ü:L.Černaja.
Moskau: Izdatel'stvo inostrannoj literatury.   152.36

Schwedisch
1961 "Biljard klockan halv tio". Ü: Nils Holmberg   152.37

Slowakisch
1962 "Biliard o pol desiatej". Ü: Perla Bžochová.
Bratislava: SPKK. 234 S. 152.38

Slowenisch
1962 "Biljard ob pol desetih". Ü: Dora Vodnik.
Ljubljana: Cankarjeva Založba. 272 S. . . .   152.39

Spanisch
1961 "Billar a las nueve y media". Ü: M.Fontseré.
Barcelona: Editorial Seix Barral. 277 S.
(Biblioteca Formentor) 152.40
1970: Neuausgabe (Biblioteca breve de
bolsillo, 64). 328 S. 152.41

Tschechisch
1962 "Biliár o půl desáté". Ü: Vladimir Kafka.
Prag: Státní nakladatelstvi krásné literatury a uměni. 230 S.(Soudobá světová próza 146)   152.42
1965: 2.Aufl. (mit verändertem Nachwort) . .   152.43

Ungarisch
1961 "Biliárd fél tizkor". Ü: Károly Dorombv.
Budapest: Europa-Verlag. 326 S. 152.44
1963: Bukarest: Irodalmi Könyvkiado. 411 S.   152.45

unst und Religion. (A)

VR
1959 (12.11.) u.d.T. "Stationen des Christentums: Der
Schriftsteller" Vortrag im Süddeutschen Rundfunk,
Stuttgart, auf Mittelwelle ausgestrahlt von
20.45 - 21.00 Uhr. 153.1

1961 (15.7./EVZ) u.d.T. "Gibt es den christlichen
Schriftsteller?" in 'Saarbrücker Zeitung'. .   153.2
1961 (EVB) im SBd. der BNr. 212. . . . .   153.3
1963 im SBd. der BNr. 229. . . . .   153.4
1963 "   "   "   "   247. . . . .   153.5
1964 "   "   "   "   272. . . . .   153.6

Übersetzungen

Niederländisch
1962 im SBd. der BNr. 226. . . . .   153.7

Die Kinder von Bethlehem. (E)

EVZ
1959 (Dez.) in 'Westermanns Monatshefte', Braunschweig   154.1

1969 (EVB) in "Westermanns Weihnachtsbuch".
10., veränderte Auflage.
Braunschweig: Westermann. 272 S. 154.2

Deutsche Auslands-Ausgaben
Schweden: 1961 im SBd. der BNr. 213. . . . .   154.3

<u>Assisi.</u> (A)

EVB

<u>1959</u> in "Frömmigkeit in einer weltlichen Welt".
(Eine Sendereihe des Süddeutschen Rundfunks)
Stuttgart: Kreuz-Verlag.̱ 301 S. 155.1

1962 als Vorwort in "Assisi". Mit 18 Fotos von
L.v.Matt u. 18 Farbtaf.nach frühen Meistern.
München: Knorr & Hirth. 60 S. 155.2
1967 im SBd. der BNr. 350. . . . . 155.3

<u>Schwarz auf weiß.</u> (A)

EVZ

<u>1959</u> in "Das kleine Buch der 100 Bücher".
München: Bücher der Neunzehn. 7 Jg. S. 3-5. . . 156

<u>Der Bahnhof von Zimpren.</u> (Sammel-Band: En.)

<u>1959</u> München: List. 152 S. (List-Bücher 138)
1960: 41.-58. Tsd. 157

I n h a l t
Abenteuer eines Brotbeutels
Der Bahnhof von Zimpren
Bekenntnis eines Hundefängers
Die blasse Anna
Daniel, der Gerechte
Eine Kiste für Kop
Erinnerungen eines jungen Königs
Es wird etwas geschehen
Im Lande der Rujuks
Die Postkarte
Schicksal einer henkellosen Tasse
Undines gewaltiger Vater
Die Waage der Baleks
Wie in schlechten Romanen
Der Zwerg und die Puppe

<u>Bekenntnis eines Hundefängers.</u> (E)

EVB

<u>1959</u> im SBd. der BNr. 157. . . . . 158.1

1961 im SBd. der BNr. 212. . . . . 158.2
1963 "   "   "   " 229. . . . . 158.3
1964 "   "   "   " 272. . . . . 158.4
1966 "   "   "   " 322. . . . . 158.5
1966 "   "   "   " 324. . . . . 158.6
1968 "   "   "   " 383. . . . . 158.7
1969 in "Igelgedanken". Geschichten mit Humor.
Hamburg: Agentur des Rauhen Hauses. 173 S. . 158.8
1971 im SBd. der BNr. 497. . . . . 158.9
1971 "   "   "   " 498. . . . . 158.10
1971 "   "   "   " 499. . . . . 158.11
1971 "   "   "   " 500. . . . . 158.12
1972 "   "   "   " 513. . . . . 158.13

Deutsche Auslands-Ausgaben
Japan
1964 im SBd. der BNr. 274. . . . . 158.14

Schweden
1961 im SBd. der BNr. 213. . . . . 158.15

USA
1960 im SBd. der BNr. 190. . . . . 158.16
1967 in "Deutsche Dichter und Denker". Anthology
for American college student.
Waltham, Mass.: Blaisdell. 258 S.(S.166-170) 158.17

Ü b e r s e t z u n g e n

Französisch
1966 im SBd. der BNr. 328. . . . . 158.18

Italienisch
1964 im SBd. der BNr. 277. . . . . 158.19

Niederländisch
1968 im SBd. der BNr. 386. . . . . 158.20

Polnisch
1964 im SBd. der BNr. 279. . . . . 158.21

Slowakisch
1966 im SBd. der BNr. 329. . . . . 158.22

Spanisch
1964 im SBd. der BNr. 280. . . . . 158.23

Türkisch
1967 im SBd. der BNr. 357. . . . . 158.24

Die Waage der Baleks und andere Erzählungen. (SBd.)
1959 Berlin: Union-Verlag. 142 S. 159

I n h a l t
Das Abenteuer
Abenteuer eines Brotbeutels
Daniel, der Gerechte
Erinnerungen eines jungen Königs
Hier ist Tibten
Im Lande der Rujuks
Der Lacher
Mein Onkel Fred
Die Postkarte
So ward Abend und Morgen
Der Tod der Elsa Baskoleit
Unberechenbare Gäste
Undines gewaltiger Vater
Die unsterbliche Theodora
Die Waage der Baleks
Wie in schlechten Romanen

Nicht nur zur Weihnachtszeit. Der Mann mit den Messern.
(SBd./Deutsche Auslands-Ausgabe/USA)
1959 New York: American Book-Comp. 95 S. 160

Französischer Sammel-Band u.d.T.
"Des hôtes déconcertants" (Unberechenbare Gäste)

EVB
1959 Paris: Editions Spes (Editions ouvrières). 185 S.
Ü: André Starcky. 161

I n h a l t
Das Abenteuer
Abenteuer eines Brotbeutels
Der Bahnhof von Zimpren
Daniel, der Gerechte
Eine Kiste für Kop
Erinnerungen eines jungen Königs
Es wird etwas geschehen
Hier ist Tibten
Im Lande der Rujuks
Kerzen für Maria
Der Lacher
Mein Onkel Fred
Die Postkarte
Der Tod der Elsa Baskoleit
Unberechenbare Gäste
Die unsterbliche Theodora

Polnischer Sammel-Band u.d.T.
"Czlowiek z nozami" (Der Mann mit den Messern)

EVB
1959 Warschau: Czytelnik. 334 S. Ü: Teresa Jętkiewicz. 162

I n h a l t
Abenteuer eines Brotbeutels
Auch Kinder sind Zivillisten
Aufenthalt in X
Die blasse Anna
Die Botschaft
Damals in Odessa
Daniel, der Gerechte
Doktor Murkes gesammeltes Schweigen
Hier ist Tibten
Im Lande der Rujuks
Kumpel mit dem langen Haar
Der Lacher
Lohengrins Tod
Der Mann mit den Messern
Nicht nur zur Weihnachtszeit
Die Postkarte
So ein Rummel
So ward Abend und Morgen
Der Tod der Elsa Baskoleit
Über die Brücke
Die unsterbliche Theodora
Die Waage der Baleks
Wanderer, kommst du nach Spa ...
Wiedersehen in der Allee
Wie in schlechten Romanen

Russischer Sammel-Band u.d.Tn.
"I ne skazal ni edinogo slova"
   (Und sagte kein einziges Wort)
"Chleb rannich let"
   (Das Brot der frühen Jahre)

EVB
1959 Moskau: Izdatel'stvo inostrannoj literatury. 251 S.
     Ü: L. Černaja i. D. Mel'nikov. 163

Tschechischer Sammel-Band u.d.T.
"Cléb mladých let" (Das Brot der frühen Jahre)

EVB
1959 Prag: Mladá fronta. 308 S. Ü: Bohumil Černik.
     (Knihovna pro Každého, 23) 164
     I n h a l t
     Abenteuer eines Brotbeutels
     Aufenthalt in X
     Die Botschaft
     Das Brot der frühen Jahre
     Damals in Odessa
     Doktor Murkes gesammeltes Schweigen
     Erinnerungen eines jungen Königs
     Die Essenholer
     Es wird etwas geschehen
     Hauptstädtisches Journal
     Der Lacher
     Lohengrins Tod
     Der Mann mit den Messern
     Mein trauriges Gesicht
     So ward Abend und Morgen
     Unsere gute, alte Renée
     Die unsterbliche Theodora
     Wanderer, kommst du nach Spa ...
     Wiedersehen in der Allee
     Wiedersehen mit Drüng
     Wir Besenbinder
     Der Zug war pünktlich

Zweite Wuppertaler Rede.
EVR
1960 (18.1.) u.d.T. "Wuppertaler Rede über Künstler
     und Kultur". 165.1
     1960 (Nov./Dez. - EVZ) u.d.T. "Wuppertaler Rede
          über Künstler und Kultur" in 'Akzente',
          München. Jg.7, Nr.6, S.557-560. . . . . . . 165.2
     1967 im SBd. der BNr. 350. . . . . 165.3

     Ü b e r s e t z u n g e n

     Ungarisch
     1969 im SBd. der BNr. 433. . . . . 165.4

Zur neuen Übersetzung von Synge. (A)

EVZ
<u>1960</u> (11.3.) im Programmheft der Städtischen Bühnen,
Köln, zur Premiere des von Annemarie und Heinrich
Böll übersetzten Stückes John M. Synge's "The
playboy of the western world" u.d.T. "Ein wahrer
Held". 166.1

1967 (EVB) im SBd. der BNr. 350. . . . . 166.2

Über den Roman. (A)

EVZ
<u>1960</u> (29.4.) u.d.T. "Die Verantwortung des Schriftstel-
lers" in 'Die Zeit', Hamburg (in der Artikel-
Serie 'Der Roman - gestern, heute und morgen'). . 167.1

1961 (EVB) im SBd. der BNr. 212. . . . . 167.2

Register-Demokratie. (KRB)

EVZ
<u>1960</u> (Mai). Rezension über Karl Richter: "Die Troja-
nische Herde" in 'Frankfurter Hefte'. 168

Klopfzeichen. (H)

EVR
<u>1960</u> (11.6.) Hörspiel-Sendung im Norddeutschen
Rundfunk, Hamburg. 169.1

1960 (16.6.) im Westdeutschen Rundfunk, Köln. . . 169.2
1961 (EVB) in "Hörspiele".
    Frankfurt: S.Fischer. 202 S. Fischer-
    Bücherei 7010. - 1971: 123-140. Tsd. 169.3
1961 im SBd. der BNr. 212. . . . . 169.4
1962 (10.10.) zusammen mit den Hörspielen "Die
    Sprechanlage" und "Konzert für vier Stimmen"
    im Norddeutschen Rundfunk, Hamburg, und
    Südwestfunk, Baden-Baden. 169.5
1962 (Dez.) als Sprechplatte. Freiburg i.Br.:
    harmonia mundi, Schallplattengesellschaft.
    EL 60 116. (Aufgenommen im April 1962. Erste
    Auslieferung Dez. 1962) 169.6
1963 im SBd. der BNr. 248. . . . . 169.7
1964 "   "   "   "   271. . . . . 169.8
1970 in "Spiele", Bd. 1: Hörspiele. Für Schüler
    aller Schulgattungen ab 8. Klasse.
    Hannover: Schroedel. 184 S. 169.9

Deutsche Auslands-Ausgaben

England
1966 im SBd. der BNr. 325. . . . . 169.10

Schweden
1964 in "Der Spiegel". Tyske tekster.
    Stockholm: Gyldendal. 367 S. 169.11

Geduldet oder gleichberechtigt. (IG)

EVZ
<u>1960</u> (Okt.) Zwei Gespräche zur gegenwärtigen Situation
der Juden in Deutschland. Gesprächspartner:
Dr. Zvi Asaria, Heinrich Böll, Paul Schallück,
Wilhelm Unger. In:
Köln: Germania Judaica. 49 S. (Germania Judaica.
Kölner Bibliothek zur Geschichte des deutschen
Judentums. Schriftenreihe, Heft 2.)   172

Teils bedenklich, teils bezaubernd. (KRB)

EVZ
<u>1960</u> (Okt.) Rezension über Werner Helwig "Die Wald-
schlucht" in 'Frankfurter Hefte'. Jg.15, H.10. .   173.1

1967 (EVB) im SBd. der BNr. 350. . . . .   173.2

Bücher verändern die Welt. (A)

EVZ
<u>1960</u> (19.11.) Der Streit um die engagierte Literatur.
In 'Neue Ruhr Zeitung', Essen.   174

Rotbuch II und Demokratie,
insgesamt eine Abwärtsentwicklung. (IG)

EVZ
<u>1960</u> (Dez.) Ein Interview.
In 'Freiburger Studentenzeitung', Jg.10, Nr.7 . .   175

Zwischen Gefängnis und Museum. (A)

EVZ
<u>1960</u> (Dez.) in 'Labyrinth', Stuttgart. H.2. . . . . .   176.1

1963 (EVB) im SBd. der BNr. 247. . . . .   176.2

Lebendiges Wuppertal. (A)

EVB
<u>1960</u> Vorwort in "Lebendiges Wuppertal". Ein Interview
in Bildern. Wuppertal: Born. 88 S.   177

Monolog eines Kellners. (E)

EVB
<u>1960</u> u.d.T. "Alle Jahre wieder ... Gedanken eines
Kellners überWeihnachten" in "Evangelische Weih-
nacht", Folge 10: Gott kommt ins Heute.
Hamburg: Furche-Verlag. 188 S. 178.1

1962 u.d.T. "Ein Kellner über Weihnachten" in
"Wie soll ich dich empfangen. Weihnachten
heute". Ill.: Willi Dirx.
Mainz: Matthias Grünewald Verlag. 77 S.
(1963: 2. Auflage. 4.-7.Tsd.) 178.2
1964 u.d.T. "Weshalb sie mir gekündigt haben".
In "... und alle wunderten sich". Ein Weihnachtsbuch der Gegenwart.
Stuttgart: Steinkopf. 226 S. 178.3

1965 u.d.T. "Der Kellner" in "Überm Stall der
     Stern". Weihnachtsgeschichten aus aller Welt.
     Gütersloh: G. Mohn. 190 S. 178.4
1968 u.d.T. "Ein Kellner über Weihnachten" in
     "Überredung zu Weihnachten". Mit 8 Farbholz-
     schnitten von HAP Grieshaber.
     München: Ehrenwirth. 213 S. 178.5
1971 u.d.T. "Der Kellner" in 'Evangelische Frau-
     enzeitung', Hannover. Jg.15, H.6 (Nov./Dez.) 178.6
1972 (EVB) im SBd. der BNr. 513. . . . . 178.7

Rose und Dynamit. (A)
EVB
1960 in "Gibt es heute christliche Dichtung?"
     Recklinghausen: Paulus Verlag. 98 S. 179.1

     1967 im SBd. der BNr. 350. . . . . 179.2

Nordrhein-Westfalen. (A)
1960 geschrieben u.d.T. "Revier auf roter Erde".
     EVZ nicht ermittelt. 180.1

     1967 (EVB) im SBd. der BNr. 350. . . . . 180.2

Zeichen an der Wand. (A)
1960 geschrieben. EVZ nicht ermittelt. 181.1

     1967 (EVB) im SBd. der BNr. 350. . . . . 181.2

Ein Haus für Ungezählte. (KRB)
EVZ
1960 Besprechung von Artur Joseph "Meines Vaters Haus"
     (Cottasche Buchh., Stuttgart, 1959, 144 S.) in
     Germania Judaica (Bulletin), Jg.I, 1960/61,
     H.1, S.17. 182

Autoren und Schicksale. (KRB)
EVZ
1960 Besprechung: Karl Otten "Das leere Haus"
     (Cottasche Buchh., Stuttgart, 1959, 648 S.) in
     Germania Judaica (Bulletin), Jg.I, 1960/61,
     H.1, S.16. 183

Ein Interview mit Studenten. Statt eines Vorwortes.
EVR
1960 u.d.T. "Ein Interview mit Studenten"
     in Radio Stockholm. 184.1

     1961 (EVB) im SBd. der BNr. 212. . . . . 184.2
     U.d.T. "Ein Interview mit Studenten":
1963 im SBd. der BNr. 229. . . . . 184.3
1963 "   "   "   "   247. . . . . 184.4
1964 "   "   "   "   272. . . . . 184.5

Deutsche Auslands-Ausgaben
USA
1964 in "Das Deutschland unserer Tage"
New York: Macmillan 1964. XI, 220 S. 184.6

Übersetzungen
Slowakisch
1966 im SBd. der BNr. 329. . . . .   184.7
Ungarisch
1969 im SBd. der BNr. 433. . . . .   184.8

Das Brot der frühen Jahre und andere Prosastücke.
1960 Frankfurt: Büchergilde Gutenberg. 348 S.
(ca. 1964: Neuausgabe)   185
Inhalt
Das Brot der frühen Jahre
Im Tal der donnernden Hufe
Doktor Murkes gesammeltes Schweigen
(Alle 5 Erz. der BNr. 135)
Irisches Tagebuch
(Alle 18 Erz. der BNr. 117.1)

Doktor Murkes gesammeltes Schweigen und andere Satiren
1960 Ill.: G.Rasp. Gütersloh: Bertelsmann. 124 S.
(Kleine Lesering-Bibliothek 46)   186
Inhalt wie bei BNr. 135.

Abenteuer eines Brotbeutels und andere Geschichten.
(SBd./Deutsche Auslands-Ausgabe/England)
1960 London: Methuen. VIII, 54 S.
(Methuen's Twentieth Century Texts)   187
Inhalt wie bei BNr. 118

Mein Onkel Fred.
(SBd./Deutsche Auslands-Ausgabe/Japan)
1960 (ca.) Tokio: Sansyusya Verl. 29 S. . . . .   188.
Inhalt
Der Lacher
Mein Onkel Fred
Unberechenbare Gäste

Wanderer, kommst du nach Spa ...
(SBd./Deutsche Auslands-Ausgabe/Niederlande)
1960 Groningen: Nordhoff. 103, 30 S.(Mod.Dt.Bibl.,2) .   189
Inhalt   (Forts. nächste Seite)
Doktor Murkes gesammeltes Schweigen

(Forts. von Seite 146)
Es wird etwas geschehen
Der Mann mit den Messern
Nicht nur zur Weihnachtszeit
Wanderer, kommst du nach Spa ...
Wiedersehen in der Allee

Aus unseren Tagen.
(SBd./Deutsche Auslands-Ausgabe/USA)

I n h a l t
Der Bahnhof von Zimpren
Bekenntnis eines Hundefängers
Die blasse Anna
Es wird etwas geschehen
Mein trauriges Gesicht
Wie in schlechten Romanen

Portugiesischer Sammel-Band u.d.T.
"Os hospedes inesperados" (Unberechenbare Gäste)
EVB
I n h a l t
Doktor Murkes gesammeltes Schweigen
Erinnerungen eines jungen Königs
Hier ist Tibten
Im Lande der Rujuks
Der Lacher
Mein Onkel Fred
Unberechenbare Gäste
Die unsterbliche Theodora

Schwedischer Sammel-Band u.d.T.
"Doktor Murkes samlade tystnad och andra satirer".
EVB
Inhalt wie bei BNr. 135.

Mutter Ey. (A)
EVR

Ü b e r s e t z u n g e n
Ungarisch
1969 im SBd. der BNr. 433. . . . . 193.4

Irland und seine Kinder. (FSB)
EVR
1961 (8.3.) Fernseh-Bericht von H. Böll.
     Erstsendung: Westdeutscher Rundfunk, Köln.
     (Übernahme vom dänischen, niederländischen
     und Schweizer Fernsehen) 194.1

1961 Deutscher Beitrag zum Prix Italia. 194.2
1961 (EVB) in 'Westdeutscher Rundfunk. Jahrbuch
     1960-1961'. Köln: WDR. S. 201-205. . . . . . 194.3
1965 (22.12.) Zweitsendung: WDR Köln. 3.FSProgr. 194.4

Befehl und Verantwortung. Gedanken zum Eichmann-Prozeß.
EVR
1961 (10.4.) im Norddeutschen Rundfunk, Hamburg. . . . 195.1

1967 (EVB) im SBd. der BNr. 350. . . . . 195.2

Hast du was, dann bist du was. (A)
EVZ
1961 (Juni) in 'Labyrinth', Stuttgart. H.3/4. . . . . 196.1

1967 (EVB) im SBd. der BNr. 350. . . . . 196.2

Die unverlierbare Geschichte. (IG)
EVZ
1961 (Juni) Gespräch: H. Böll - Walter Warnach)
     in 'Labyrinth', Stuttgart. H.3/4. 197

Zwischen allen Feuern. (KRB)
EVZ
1961 (Juli) Rezension zu Josef W. Janker "Zwischen
     zwei Feuern". In: 'Frankfurter Hefte', Jg.16, H.7 198

Seismograph für die Probleme der Zeit. (IG)
EVZ
1961 (10.8.) Prager Gespräch mit H. Böll.
     In 'Neue Zeit', Berlin. Jg.17, Nr. 184. 199

Cocktail-Party. (F)
EVZ
1961 (1.9.) u.d.T. "Mit Frack und Orden".
     Partys - aufgespießt. In 'Die Zeit', Hamburg. . . 200.1

1962 (EVB) in "Snob-Lexikon".
     Köln: Kiepenheuer & Witsch. 247 S. S.50-52. 200.2
1963 im SBd. der BNr. 247. . . . . 200.3
1967 "   "   "   "   350. . . . . 200.4

Vom deutschen Snob. (F)

EVZ
1961 (8.9.) in 'Die Zeit', Hamburg. 201.1

    1962 (EVB) u.d.T. "Armer Snob" in "Snob-Lexikon".
      Köln: Kiepenheuer & Witsch. 247 S. S. 25-27. 201.2
    1963 im SBd. der BNr. 247. . . . . 201.3
    1967 " "   "   "   350. . . . . 201.4

Sprechanlage. (H)

EVZ
1961 (Nov.) Vorabdruck in 'Labyrinth'. H.5 S. 62-69.
    (Ersch.-Ort von 'L' wechselt nach Quellenangaben
    zwischen Frankfurt, Stuttgart und Hommerich/Köln) 202.1

    1962 (10.10.) zusammen mit den Hörspielen
    "Klopfzeichen" und "Konzert für 4 Stimmen"
    im Norddeutschen Rundfunk, Hamburg,
    und Südwestfunk, Baden-Baden. 202.2
    1964 im SBd. der BNr. 271. . . . . 202.3

    Ü b e r s e t z u n g e n

    Russisch
    1968 (als Kurzgeschichte) im SBd. der BNr. 387. . 202.4

Briefwechsel Heinrich Böll - HP Grieshaber.

EVZ
1961 (Nov.) in 'Labyrinth'. H.5, S. 58-61.
    H.6 (Juni 1962) S. 43-47.
    (Ersch.-Ort von'L' wechselt nach Quellenangaben
    zwischen Hommerich/Köln, Frankfurt und Stuttgart) 203

Ein Schluck Erde. (T)

EVT
1961 (22.12.) Bühnenstück in 3 Akten. Uraufführung:
    Düsseldorfer Schauspielhaus. 204.1

    1962 (EVB) Köln: Kiepenheuer & Witsch. 82 S.
    (Collection Theater, Texte, 3) 204.2
    1962 in "Homo viator". Köln:Hegner. (S.383-431) . 204.3
    Auszüge, Bearbeitungen, Böll-Aussagen

    1960 (Dez.) Vorabdruck des 1. Aktes von
    "Ein Schluck Erde" (1.Entw. zu einem Thea-
    terstück) in 'Labyrinth', Stuttg., H.2,
    S. 74-87. . . . . 204.4
    1961 (Juni) Vorabdruck des 2. u. 3. Aktes von
    "Ein Schluck Erde")1.Entw. zu einem Thea-
    terstück) in 'Labyrinth', Stuttg. ,H.3/4,
    S. 136-168. . . . . 204.5
    1969 (27.2.) N e u b e a r b e i t u n g .
    Erstaufführung im Bamberger Theater. 204.6

Ü b e r s e t z u n g e n

Italienisch
1964 "Un sorso di terra". Ü: Hansi Cominotti.
    Turin: Einaudi. 84 S.(Collezione di teatro 49)   204.7

Niederländisch
1964 "Een slok aarde". Ü: Adriaan Morriën.
    Amsterdam, Brüssel: Elsevier. 78 S.
    (Elseviers Toneelbibliotheek) 204.8

<u>Als der Krieg ausbrach.</u> (E)

EVR
<u>1961</u> (23.12.) u.d.T. "Muß i denn, muß i denn ..."
    in 'Frankfurter Allgemeine Zeitung'
    (Vorabdruck mit einigen Auslassungen und gering-
    fügigen sprachlichen Abweichungen). 205.1
1962 (EVB) zus. mit "Als der Krieg zu Ende war".
    Frankfurt und Leipzig: Insel-Verlag. 55 S.
    (Insel-Bücherei 768) 205.2
1962 u.d.T. "Die Kaffeemühle meiner Großmutter"
    (1.Teil: Als der Krieg ausbrach. 2.Teil: Als
    der Krieg aus war.) Lesung im Norddeutschen
    Rundfunk am 11.6. und 24.6.1962.   . . . . .   205.3
1965 im SBd. der BNr. 298. . . . .   205.4
1966 "   "   "   "   324. . . . .   205.5
1969 "   "   "   "   429. . . . .   205.6
1971 "   "   "   "   497. . . . .   205.7
1971 "   "   "   "   498. . . . .   205.8
1971 "   "   "   "   499. . . . .   205.9
1971 "   "   "   "   500. . . . .   205.10
1972 "   "   "   "   513. . . . .   205.11

Deutsche Auslands-Ausgaben

UdSSR
1968 im SBd. der BNr. 384. . . . .   205.12

Ü b e r s e t z u n g e n

Englisch
1965 im SBd. der BNr. 301. (USA) 205.13
1966 in "Enter und exit" in "The world of modern
    fiction". New York: Simon and Schuster.
    510 S. (S.89 - 117) 205.14
1967 im SBd. der BNr. 353. . . . .   205.15

Französisch
1966 im SBd. der BNr. 328. . . . .   205.16

Niederländisch
1968 im SBd. der BNr. 386. . . . .   205.17

Norwegisch
1970 im SBd. der BNr. 471. . . . .   205.18

Polnisch
1966 "Kiedy wojna wybuchla" (mit "Kiedy wojna się
    skończyla"/Als der Krieg zu Ende war)
    Ü: Teresa Jętkiewicz. Ill.: J.S.Miklaszewski
    Warschau: Państwowy Instytut Wydawniczy.81 S   205.19

Russisch
1965 im SBd. der BNr. 304. . . . . 205.20

Tschechisch
1964 "Den prvni a posledni" (= Als der Krieg aus-
brach/Als der Krieg zu Ende war)
Ü: Anna Siebenscheinová.
Prag: Naše vojsko. 53 S. 205.21
1966 "Als der Krieg ausbrach" in tschechisch.
Ü: A. Siebenscheinová. In: "Muzi a válka"
(Die Männer und der Krieg).
Prag: Naše vojsko. 831 S. (S.25-42) 205.22

Der Rhein. (A)

EVB
1961 im SBd. der BNr. 212. . . . . 206.1

1963 im SBd. der BNr. 247. . . . . 206.2

Deutsche Auslands-Ausgaben
Frankreich
1967 Auszug u.d.T. "Romantischer Rhein" in
"L'allemand en première."
Paris: Librairie Hachette. (S.36-37) 206.3

Ü b e r s e t z u n g e n
Niederländisch
1962 im SBd. der BNr. 226. . . . . 206.4

Antwort an Georg Ramseger. (A)

EVB
1961 in "Die Mauer oder Der 13. August".
Reinbek b. Hamburg: Rowohlt. 195 S. (rororo 482)   207

Karl Marx. (A)

EVB
1961 u.d.T. "Karl Marx. Ein deutscher Jude verändert
die Welt" in "Porträts deutschjüdischer Geistes-
geschichte." (DuMont-Dokumente, Reihe 3)
Köln: DuMont Schauberg. 281 S. 208.1

1967 im SBd. der BNr. 350. . . . . 208.2

Rom auf den ersten Blick. (F)

1961 geschrieben. EVZ nicht ermittelt. 209.1

1967 (EVB) im SBd. der BNr. 350. . . . . 209.2

Wanderer, kommst du nach Spa ... (Sammel-Band: En.)

1961 Frankfurt: Ullstein. (Ullst.-Büchor 322)
1965: 30. Tsd.
Inhalt wie bei BNr. 11. 210

Der Zug war pünktlich. (Sammel-Band: En.)

I n h a l t
An der Brücke
Die Botschaft
Damals in Odessa
Lohengrins Tod
Der Mann mit den Messern
Mein teures Bein
Die schwarzen Schafe
Unsere gute, alte Renée
Wanderer, kommst du nach Spa ...
Der Zug war pünktlich

Erzählungen. Hörspiele. Aufsätze. (Sammel-Band)

I n h a l t
Ein Interview mit Studenten. Statt eines Vorwortes.
E r z ä h l u n g e n
Das Abenteuer
Abenteuer eines Brotbeutels
Der Bahnhof von Zimpren
Bekenntnis eines Hundefängers
Daniel, der Gerechte
Eine Kiste für Kop
Erinnerungen eines jungen Königs
Hier ist Tibten
Im Lande der Rujuks
Im Tal der donnernden Hufe
Der Lacher
Mein Onkel Fred
Die Postkarte
Schicksal einer henkellosen Tasse
So ward Abend und Morgen
Der Tod der Elsa Baskoleit
Unberechenbare Gäste
Die unsterbliche Theodora
Die Waage der Baleks
Wie in schlechten Romanen
Der Zwerg und die Puppe
H ö r s p i e l e
Bilanz
Eine Stunde Aufenthalt
Klopfzeichen
Mönch und Räuber
Die Spurlosen
Zum Tee bei Dr. Borsig
A u f s ä t z e
Bekenntnis zur Trümmerliteratur
Brief an einen jungen Katholiken

Ein Denkmal für Joseph Roth
Großeltern gesucht
Hierzulande
Kunst und Religion
Reise durch Polen
Der Rhein
Das Risiko des Schreibens
Die Sprache als Hort der Freiheit (RAV)
Stadt der alten Gesichter
Die Stimme Wolfgang Borcherts
Thomas Wolfe und das bittere Geheimnis des Lebens
Über den Roman
Über mich selbst
Was ist kölnisch?
Der Zeitgenosse und die Wirklichkeit
Der Zeitungsverkäufer
Zur Verteidigung der Waschküchen

:ine Böll-Auswahl.

(SBd./Deutsche Auslands-Ausgabe/Schweden)

I n h a l t
Bekenntnis eines Hundefängers
Die Kinder von Bethlehem
Die Postkarte
Und sagte kein einziges Wort (Ausz.)
Wie in schlechten Romanen

:talienischer Sammel-Band u.d.T.
'Il pane dei verdi anni e altri racconti"

I n h a l t
Das Brot der frühen Jahre
und die 25 Erz. des SBd.
"Wanderer, kommst du nach Spa ...
(BNr. 11)

Mein Bild. (A)

Heinrich Böll im Gespräch mit Friedrich Luft.

Gesamtdeutsches Jägerlatein. (A)

EVZ
1962 (2.3.) Merkwürdige Erfahrungen während eines
Besuches bei Kollegen in Ostberlin.
In 'Die Zeit', Hamburg. 217

Der Schriftsteller und Zeitkritiker Kurt Ziesel. (KRB)

EVZ
1962 (16.3.) Versuch eines Beitrags zur sogenannten
Bewältigung der Vergangenheit.
In 'Die Zeit', Hamburg. 218.1
1967 (EVB) im SBd. der BNr. 350. . . . . 218.2

Als der Krieg zu Ende war. (E)

EVZ
1962 (Juni) in 'Labyrinth', Stuttgart. H.6, S.31-42.
(Vorabdruck u.d.T. "Als der Krieg aus war") . . . 219.1
1962 (EVB) zus. mit "Als der Krieg ausbrach".
Frankfurt und Leipzig: Insel-Verlag. 55 S.
(Insel-Bücherei 768) 219.2
1962 u.d.T. "Die Kaffeemühle meiner Großmutter"
(1.Teil: Als der Krieg ausbrach. 2.Teil: Als
der Krieg aus war.) Lesung im Norddeutschen
Rundfunk am 11.6. und 24.6.1962. . . . . . . 219.3
1965 im SBd. der BNr. 298. . . . . 219.4
1966 in "Deutsche Erzählungen aus zwei Jahrzehnten". Mit einem Vorwort("Wenn ein Poet ...".
Ausz. a.d. 2. Frankfurter Vorlesung) von
Heinrich Böll. Hrsg. v. Wolfgang R. Langenbucher. (1. Aufl.)
Herrenalb: Erdmann. 528 S. (1966: 2.A.496 S.) 219.5
1966 im SBd. der BNr. 324. . . . . 219.6
1969 "   "   "   "   429. . . . . 219.7
1971 "   "   "   "   497. . . . . 219.8
1971 "   "   "   "   498. . . . . 219.9
1971 "   "   "   "   499. . . . . 219.10
1971 "   "   "   "   500. . . . . 219.11
1972 "   "   "   "   513. . . . . 219.12

Deutsche Auslands-Ausgaben

UdSSR
1968 im SBd. der BNr. 384. . . . . 219.13

Ü b e r s e t z u n g e n

Arabisch
1966 in "Moderne deutsche Erzählungen (arab.)".
Auswahl: Sigrid Kahle und Fuad Rifka.
(Auszug von "Deutsche Erzählungen aus zwei
Jahrzehnten" Hrsg.v.W.R.Langenbucher. -
Siehe BNr. 219.5)
Beirut: Dar Sader. 262 S. (S.24-55) 219.14

Bulgarisch
1971 "Kogato vojnata svŭrši" Ü: V.Konstantinov.
    In "Kogato vojnata svŭrši". Sbornik ("Deut-
    sche Erzählungen aus zwei Jahrzehnten"/bulg)
    Sofia: Narodna Kultura. 337 S.(S.95-115) . . 219.15

Englisch
1965 im SBd. der BNr. 301. (USA) 219.16
1966 in "Enter und exit" in "The world of modern
    fiction". New York: Simon and Schuster.
    510 S. (S.89-117) 219.17
1967 im SBd. der BNr. 353. . . . . 219.18

farsi (Iran)
1966 in "Dastanhaye nowin almani" ("Moderne deut-
    sche Erzählungen"/farsi). Auswahl: S. Kahle.
    (Auszug von "Deutsche Erzählungen aus zwei
    Jahrzehnten" Hrsg. v. W. R. Langenbucher. -
    Siehe BNr. 219.5)
    Teheran: Ebn-e-sina. 388 S. (S.45-70) . . . 219.19

Im Vielsprachenstaat
I n d i e n
    wurden Auszüge von "Deutsche Erzählungen aus
    zwei Jahrzehnten" Hrsg. von Wolfgang R. Lan-
    genbucher (Siehe BNr. 219.5) in die nachge-
    ordneten 6 Sprachen übersetzt, u.a. auch
    H. Böll's "Als der Krieg zu Ende war"

    bengali
    1967 in "Short stories of Germany".
        Ü: Bhabani Mukherjee
        Kalkutta: Sarkar & Son. 184 S. (23 S.)   219.20

    gujarati
    1970 in "Twelve German short stories".
        Ü: Shekhadam Abuwala.
        Bombay: Vora. 23, 244 S. (S.63-92) . . 219.21

    hindi
    1967 in "Jodho ke bad". Vorwort: J. Hossain.
        Dehli: Rajkamal Prakasan.
        21,245 S. (S. 136-158) 219.22

    marathi
    1968 in "Twelve German short stories".
        Ü: R. N. Chapekar.
        Poona, India: Venus Publ. House.
        XL, 296, XVI S. (S. 6-30) 219.23

    tamili
    1968 in "Tharkala Germania sirukathaikal".
        Ü: C. R. Kannan.
        Madras: Southern Language Book Trust.
        XXIV, 218 S. (S.45-81) 219.24

    telegu
    1967 in "Prasasta aadhunika german kathaani-
        kalu". Ü: P.Padmarayu u. K.Kutumba Rao.
        Madras: Southern Languages Book Trust.
        VIII, 168, II S. (S. VII, 114-136) . . 219.25

Niederländisch
1968 im SBd. der BNr. 386. . . . . 219.26

Norwegisch
1970 im SBd. der BNr. 471. . . . . 219.27

Polnisch
1966 "Kiedy wojna się skończyla" (mit "Kiedy
wojna wybuchla"/Als der Krieg ausbrach)
Ü: Teresa Jętkiewicz.,Ill.: J.S.Miklaszewski
Watschau: Panstwowy Instytut Wydawniczy. 81 S.   219.28

Russisch
1965 im SBd. der BNr. 304. . . . . 219.29

Slowakisch
1969 "Ked sa vojna skončila" in "Lebo človek
bl'adä teplo. Nemecké poviedky dvoch desa-
troči". (Auszug von "Deutsche Erzählungen aus
zwei Jahrzehnten" Hrsg. W. R. Langenbucher.-
Siehe BNr. 219.5) Ü: Ervin Mikula.
Bratislava: Tatran. 323 S. (S. 57-73)
(S. 7-12 bringt als Vorwort die slowakische
Übersetzung eines Ausz. der "Frankfurter
Vorlesungen) 219.30

Tschechisch
1964 "Den prvni a posledni" (= Als der Krieg ausbrach / Als der Krieg zu Ende war)
Ü: Anna Siebenscheinová.
Prag: Naše vojsko. 53 S. 219.31

Türkisch
1966 "Savaş bittiğinde" in "Günümüz alman hikâye-
leri". Ü: Burhan Arpad. (Auszug von "Deutsche Erzählungen aus zwei Jahrhunderten",
Hrsg. W. R. Langenbucher. - Siehe BNr. 219.5)
Istanbul: Izlem Yayinlari. 270 S.(S.89-109)   219.32

Ungarisch
1971 "Mikor a háború véget ért". Ü: E. Gergely.
In "Interjú a halallal".
Budapest: Europa-Verl. 478 S. (S.5-28) . . . 219.33

Gespräche am Schreibtisch.

EVR
1962 (29.7.) H. Böll über seine Arbeitsweise. Interview von Horst Bienek und Karl Markus Michel.
Sendung: Hessischer Rundfunk, Frankfurt. 220.1

1962 in Horst Bienek "Werkstattgespräche mit
Schriftstellern (: Heinrich Böll)"
München: Hanser. 224 S. 220.2
1963 Dasselbe (Neuausgabe)
München: Deutscher Taschenbuch Verlag
(dtv-Taschenbücher 291. - 1969:2.A., 21.-30.T) 220.3

Ü b e r s e t z u n g e n

Ungarisch
1964 "Az irб mühelyében." Beszélgetés Heinrich
     Böll-lel (In der Werkstatt des Schriftstel-
     lers. Ein Gespräch mit Heinrich Böll.)
     In 'A Könyv', Budapest. Jg.4,Nr.4,S.132-134.   220.4
1965 Horst Bienek und Karl Markus Michel:
     "Heinrich Böll" (ungar.) Ü: Jбb Lászlб
     Baránszky. In: "Interjú! Nagy irбk mühe-
     lyeben" (2.Aufl.)
     Budapest: Europa-Verlag. 312 S. (S.182-199.
     Modern Könyvtar, 92-93). 220.5
1967 Auszug a.d. Interview von H.Bienek und K.M.
     Michel in "Helikon', Budapest. Jg.13,
     2 (April), S.268. . . . .   220.6

Türkisch
1967 im SBd. der BNr. 357. . . . .   220.7

Konzert für vier Stimmen. (H)

EVR
1962 (10.10.) zusammen mit den Hörspielen
     "Klopfzeichen" und "Sprechanlage"
     im Norddeutschen Rundfunk, Hamburg,
     und Südwestfunk, Baden-Baden. 221.1

1962 (EVB) in 'Jahresring 62/63'. Hrsg.v.Kultur-
     kreis im Bundesverband der Deutschen Indu-
     strie. Stuttgart: Deutsche Verlags-Anstalt.
     407 S. (S.313-321) 221.2
1964 im SBd. der BNr. 271. . . . .   221.3

Ü b e r s e t z u n g e n

Russisch
1965 im SBd. der BNr. 304. . . . .   221.4

Briefe aus dem Rheinland I-XIX (Lohengrin-Briefe) (F)

EVZ
1962 (21.12.-6.9.1963) in 'Die Zeit', Hamburg.
     Jg.17 Nr. 51 bis Jg.18 Nr.38. . . . .   222.1

1967 (EVB) im SBd. der BNr. 350. . . . .   222.2

Auszüge, Bearbeitungen, Böll-Aussagen

1965 Auszug (Brief I und V) in "Eulengelächter
     oder Was den Menschen zum Lachen bringen
     soll". Ein humoristisches Lesebuch.
     Berlin: Herbig. 243 S. 222.3
1967 (Auszug: Brief aus dem Rheinland)
     In "Fürs Publikum gewählt - erzählt". Prosa
     aus sechs Jahrzehnten Kabarett.
     Berlin: Henschel. 317 S. (1971: 3.erw.Aufl.)   222.4

Keine Träne um Schmeck. (E)

EVB
<u>1962</u> in "Das Atelier". Zeitgenössische deutsche Prosa.
Frankfurt: S. Fischer. 157 S.
(Fischer-Bücherei 455. - 1970: 93.-100. Tsd.) . . 223.1

Deutsche Auslands-Ausgaben·

England
1967 Auszug in "German today". A selection of contemporary passages for translation practice.
London: Methuen. 95 S. 223.10

Ü b e r s e t z u n g e n

Bulgarisch
1968 im SBd. der BNr. 385. . . . . 223.11

Englisch
1969 "No tears for Schmeck". Ü: Leila Vennewitz.
In 'Encounter', London. Jg.32, Nr.5 (Mai) . 223.12

Niederländisch
1968 im SBd. der BNr. 386. . . . . 223.13

Tschechisch
1966 "Ani slzu za Schmecka". Ü: Jiří Janovský.
In "Světová literatura 10". Ročenka zahranič-
nich literatura 1956-1965.
Prag: Odeon. 461 S. (S.120-133). 223.14

Ungarisch
1965 "Kár a könnyekért". Ü: Ingrid Feleki.
In 'Nagyvilág', Budapest. Jg.10, Nﬂ.10,
S. 1484-1495. . . . . 223.15

Zvi Asaria. (A)

EVB
<u>1962</u> u.d.T. "Porträt eines Rabbiners". Zum Problem der
Juden im Nachkriegsdeutschland. In "Bestands-
aufnahme". Eine deutsche Bilanz 1962.
München: Desch. 592 S. 224.1

1967 im SBd. der BNr. 350. . . . . 224.2

Finnischer Sammel-Band u.d.T.
<u>"Tohtori Murken kootut tauot ja muita satiireja"</u>

EVB
<u>1962</u> Helsinki: Otava. 152 S. 225

Inhalt wie bei BNr. 135.

iederländischer Sammel-Band u.d.T.
Hier is Tibten. Verhalen, essays en een hoorspel".

I n h a l t
Brief an einen jungen Katholiken (A)
Das Brot der frühen Jahre (E)
Hier ist Tibten (E)
Im Tal der donnernden Hufe (E)
Klopfzeichen (H)
Kunst und Religion (A)
Der Lacher (E)
Mein Onkel Fred (E)
Der Rhein (A)
So ward Abend und Morgen (E)
Die Sprache als Hort der Freiheit (RAV)
Über mich selbst (A)
Die Waage der Baleks (E)
Wie in schlechten Romanen (E)
Zur Verteidigung der Waschküchen (A)

Zum 1. Mai. (RB)

Ansichten eines Clowns. (R)

1970 (23.1.) "Der Clown". Zweiakter. Für die Büh-
ne eingerichtet von Maria u. Alfred Radok.
Uraufführung: Düsseldorfer Schauspielhaus,
Kleines Haus. 228.14
1970 "Entfernung von der Prosa". Böll-Beitrag im
Programmheft des Düsseldorfer Schauspiel-
hauses zur Aufführung "Der Clown"am 23.1.70. 228.15

Deutsche Auslands-Ausgaben

England
1967 Auszug u.d.T. "Das Leben in der Pension" in
"German today". A selection of contemporary
passages for translation practice.
London: Methuen. 95 S. 228.16

Frankreich
1964 Auszug in Jacques Martin: "Die Deutschen im
20. Jahrhundert".
Paris:Didier. 335 S. 228.17

Japan
1963 Auszug (Kap. 7). Erläutert von T.Iwabuchi
Tokio: Asahi-Verlag. 57 S. 228.18
1963 Auszug (Kap.15). Erläutert von T.Maruyama.
Tokio: Daisan Shobo. 49 S. 228.19

Ü b e r s e t z u n g e n

Bulgarisch
1966 "V'egledite na jedin klovn". Ü: V.Musakov.
Sofia: Narodne mladesh. 286 S. 228.20

Dänisch
1963 "En klowns ansigt". Ü: Herbert Steinthal.
Kopenhagen: Grafisk Forlag. 230 S. 228.21

Englisch
1965 "The Clown". Ü: Leila Vennewitz.
London: Weidenfeld and Nicolson. 247 S. . . 228.22
1965 Dasselbe. New York: McGraw-Hill. 247 S. 228.23
1966 "   New York: New American
Library. 223 S. (Signet Book, T.2783). 228.24

Estnisch
1968 "Klouni silmaga". Tallinn (Reval) 228.25

Französisch
1964 "La grimace". Ü: Solange et Georges de Lalène
Paris: Editions du Seuil. 238 S. 228.26

Hebräisch
1971 "Hamokiyon". Ü: Bezalel Wexler.
Ramat Gan: Massada Ltd. 228.27

Italienisch
1965 "Opinioni di un clown". Ü: Amina Pandolfi.
Mailand: Mondadori. 301 S.(Coll. Medusa 494) 228.28

Japanisch
1966 "..." Übers. v. I. Kanzaki.
Tokio: Tuttle. 281 S. 228.29

Litauisch
1966 "..." Übers. v. E. Vengrienė.
Wilna. 228.30

Makedonisch
1965 "Pogledite na eden klovn". Ü: E.Nikodinova.
Skopje: Kotžo Ratžin (Makedonska Knijga) . . 228.31

Niederländisch
1963 "Meningen van een clown". Ü: M. van der Plas.
Amsterdam, Brüssel: Elsevier. 286 S.
(1970: 4. Aufl.) 228.32

Norwegisch
1964 "Som en klovn ser det". Ü: Morten Ringard.
Oslo: Gyldendal. 212 S. 228.33

Polnisch
1968 "Zwierzenia klowna". Ü: Teresa Jętkiewicz.
Warschau: Czytelnik. 370 S. 228.34

Russisch
1964 (Frühjahr) "..." Die russische Übersetzung
ersch. in der Zeitschrift "Inostrannaja
literatura" (Ausländische Literatur), Moskau 228.35
1965 "Glazamc klouna". Ü: Mikol' i Bažana.
Moskau: Progress. 246 S. 228.36
1968 (März) "Glazami klouna". Ein Stück von
P. Nord nach H.Böll's Roman "Ansichten eines
Clowns". Uraufführung im Akademischen
Mossowjet-Theater, Moskau. Regie, Bühnen-
bilder von dem Darsteller der Titelrolle:
Gennadi Bortnikow. (Besprechung u. a. in
"Sowjetunion heute", Köln. Jg.13, H.10 vom
16.5.1968, S. 26-29 mit 9 Fotos = Interview
mit Gennadi Bortnikow) 228.37

Schwedisch
1964 "En clowns åsikter". Ü: John W. Walldén.
Stockholm: Bonniers. 249 S. (1967: 3.Aufl.) 228.38

Serbokroatisch
1966 "Mišljenja jednog klovna". Ü: M. Borbević.
Belgrad: Prosveta. 263 S. 228.39

Slowakisch
1967 "Klannove názory". Ü: Ernest Marko.
Bratislava: Tatran. 257 S. 228.40

Slowenisch
1966 "Klonovi pogledi". Ü: Janez Gradišnik.
Maribor: Založba Obzorja. 264 S. 228.41

Spanisch
1965 "Opiniones de un payaso". Ü: Lucas Casas.
Barcelona: Editorial Seix Barral. 245 S.
(Biblioteca breve, 223). 228.42
1971:Dass.Ü: Alfonsia Janés.
Barcelona: Barral Editores. 244 S.
(Ediciones de bolsillo, 79) 228.43

Tschechisch
1965 "Klaunovy názory". Ü: Vladimir Kafka.
    In 'Svĕová literatura', Prag.
    Nr.5 S.11-59, Nr.6 S.135-177. . . . . 228.44
1966 Buchausgabe. Ü: V.Kafka. Ill.: Jiři John.
    Prag: Odeon. 210 S.
    (Soudobá svĕtová próza. Svazek 219) 228.45
Türkisch
1968 "Palyaco". Ü: Ahmet Arpat.
    Istanbul: As-Druckerei. 271 S.
    (Modern Klasikler) 228.46

Novellen. Erzählungen. Heiter-satirische Prosa.
Irisches Tagebuch. Aufsätze.
1963 (Mai) Zürich: Buchclub Ex Libris. 398 S. 229
    I n h a l t

    Novellen. Erzählungen. Heiter-satirische Prosa.

    Abenteuer eines Brotbeutels
    Der Bahnhof von Zimpren
    Bekenntnis eines Hundefängers
    Das Brot der frühen Jahre
    Daniel, der Gerechte
    Erinnerungen eines jungen Königs
    Es wird etwas geschehen
    Hier ist Tibten
    Im Lande der Rujuks
    Im Tal der donnernden Hufe
    Der Lacher
    Die Postkarte
    Schicksal einer henkellosen Tasse
    So ward Abend und Morgen
    Der Tod der Elsa Baskoleit
    Die unsterbliche Theodora
    Die Waage der Baleks
    Der Wegwerfer
    Wie in schlechten Romanen

    Irisches Tagebuch
    Inhalt wie bei BNr. 117.1

    Aufsätze

    Bekenntnis zur Trümmerliteratur
    Brief an einen jungen Katholiken
    Ein Interview mit Studenten
    Großeltern gesucht
    Hierzulande
    Kunst und Religion
    Reise durch Polen
    Das Risiko des Schreibens
    Die Sprache als Hort der Freiheit
    Stadt der alten Gesichter
    Über mich selbst
    Der Zeitgenosse und die Wirklichkeit
    Zur Verteidigung der Waschküchen

Im Gleichschritt ins Verhängnis. (KRB)

EVZ
1963 (23.6.) Rezension zu dem Buch von Thilo Vogelsang
"Reichswehr, Staat und NSDAP" in 'Der Tagesspiegel', Berlin. 230.1
1967 im SBd. der BNr. 350. . . . . 230.2

Kennedy, Irland und der große Hunger. (KRB)

EVZ
1963 (11.8.) Besprechung zu Cecil Woodham-Smith
"The great hunger". (London: Hamish Hamilton.1963)
In: 'Der Tagesspiegel', Berlin. Literaturblatt.
In der Reihe "Schriftsteller lesen für den TSp." 231.1
1967 im SBd. der BNr. 350. . . . . 231.2

Wir Deutsche, ein fahrendes Volk. (KRB)

EVZ
1963 (22.9.) Besprechung der Erzählung von H.G.Adler
"Eine Reise". 'Der Tagesspiegel', Berlin. Lit.Bl. 232

Das Glück und das Heil. (KRB)

EVZ
1963 (27.10.) Besprechung zu Luc Estang "Das Glück
und das Heil". Roman. (Köln: Bachem. 1963).
In 'Der Tagesspiegel', Berlin. Literaturblatt. . 233.1
1967 im SBd. der BNr. 350. . . . . 233.2

Anekdote zur Senkung der Arbeitsmoral. (E)

EVZ
1963 (22.11.) u.d.T. "Ein Fischer döst" in
'Welt der Arbeit', Köln. 234.1
1967 (EVB) im SBd. der BNr. 350. . . . . 234.2
1967 in "Der helle dunkle Tag".
Wuppertal: R.Brockhaus. 128 S.
(R.Brockhaus Taschenbücher 124) . . . . . ⎫ 234.3
1970 in "Zeitverkürzer". Deutsche Anekdoten aus ⎬
5 Jahrhunderten. (2. erw. Aufl.)
Leipzig: Reclam. 314 S. RUB 390. . . . . . 234.4
1971 u.d.T. "Anekdote" in "Schwann Arbeitsbuch Literatur für Realschulen". 6.
Düsseldorf: Schwann. 208 S. 234.5
1971 u.d.T. "Arbeitsmoral" in "Wir und unsere
Welt". Lese- u. Arbeitsbuch für Sonderschul.
Dortmund: Grüwell. 208 S. (5.Bd. S.136-139) 234.6
1971 in "Texte, Texte, Texte". Lesebuch für das
7. Schuljahr. München: Bayerischer Schulbuch-Verlag. 208 S. 234.7
1972 im SBd. der BNr. 513. . . . . 234.8

Ü b e r s e t z u n g e n
Norwegisch
1970 im SBd. der BNr. 471. . . . . 234.9
Ungarisch
1969 im SBd. der BNr. 433. . . . . 234.10

Vom Mehrwert bearbeiteten Papiers. (F)
EVZ
1963 (29.11.) in 'Die Zeit', Hamburg. 235.1
1967 (EVB) im SBd. der BNr. 350. . . . . 255.2
1968 u.d.T. "Heinrich Böll und die Mehrwert-
steuer" in 'Madame', München.
Jg. 18, Nr.9 (Sept.), S.10 . . . . 235.3

Ü b e r s e t z u n g e n
Ungarisch
1969 im SBd. der BNr. 433. . . . . 235.4

Antwort an Msgr. Erich Klausener. (A)
EVZ
1963 (1.12.) (auf die "Anfrage an Heinrich Böll von
Msgr. Erich Klausener" im 'Petrusblatt' v. 27.10.
und 3.11.63) in 'Petrusblatt' Berlin. 236.1
1967 (EVB) im SBd. der BNr. 350. . . . . 236.2

Auszüge, Bearbeitungen, Böll-Aussagen
1963 (15.12.) Auszug u.d.T. "Wortreiche Belästi-
gung" in 'Sonntag', Berlin. 236.3

Briefe an einen Freund jenseits der Grenzen. (Loki-Briefe)
EVZ
1963 (13.12.-17.7.64/Briefe I-VII) in
'Die Zeit', Hamburg. Jg.18 Nr.50 bis Jg.19 Nr.29. 237.1
1967 (EVB) im SBd. der BNr. 350. . . . . 237.2

Auszüge, Bearbeitungen, Böll-Aussagen
1965 Auszug in "Tuchfühlung". Neue deutsche Prosa.
Hamburg: Hoffmann u. Campe. 371 S. (Br. I+V) 237.3

Wie hast Du's mit der Bundeswehr? (KRB)
EVZ
1963 (15.12.) Besprechung zu "Wie hast Du's mit der
Bundeswehr?" Hrsg. v. Harry Neyer.
München: List. 199 S. In 'Der Tagesspiegel',
Berlin. Literaturblatt. 238.1
1967 (EVB) im SBd. der BNr. 350. . . . . 238.2

Ich gehöre keiner Gruppe an. (F)

EVZ
1963 (27./28.12.) in 'Deutsche Tagespost', Würzburg.
(Beitrag zur Auseinandersetzung um den künftigen
Weg des deutschen Katholizismus "Die Katholiken,
die Freiheit und das Milieu"). 239.1

1967 (EVB) im SBd. der BNr. 350. . . . . 239.2

Was heute links sein könnte. (A)

EVB
1963 u.d.T. "Polemik eines Verärgerten" in "Was ist
heute links?" Thesen und Theorien zu einer politischen Position.
München: List. 159 S. (List-Bücher 241) 240.1

1967 im SBd. der BNr. 350. . . . . 240.2

Ü b e r s e t z u n g e n

Russisch
1963 in 'Inostrannaja literatura', Moskau.
Nr. 12, S. 236-238. . . . . 240.3

Nachwort zu Carl Amery: Die Kapitulation
(oder Deutscher Katholizismus heute). (A)

EVB
1963 in Carl Amery "Die Kapitulation oder Deutscher
Katholizismus heute".
Reinbek bei Hamburg: Rowohlt. 127 S.
(rororo-Taschenbücher 589) 241.1

1967 im SBd. der BNr. 350. . . . . 241.2

Ü b e r s e t z u n g e n

Italienisch
1967 u. d. aus dem Ital. übers. Titel "Ein Versuch
über den deutschen Katholizismus" in
Christian Mayer (d.i. Carl Amery): "La
capitolazione, ovvero Il cattalicesimo
tedesco oggi". Ü: D. Fontaari.
Brescia: Morcelliana. 220 S. 241.3

In der Bundesrepublik leben? (A)

1963 geschrieben. EVZ nicht ermittelt. 242.1

1967 (EVB) im SBd. der BNr. 350. . . . . 242.2

Doktor Murke und andere. (Sammel-Band: En.)

1963 Leipzig: Insel-Verlag. 70 S. (Insel-Bücherei 832) 243
I n h a l t
Doktor Murkes gesammeltes Schweigen
Hauptstädtisches Journal
Der Wegwerfer

Heinrich Böll 1947 bis 1951. Der Zug war pünktlich.
Wo warst du, Adam? und 26 Erzählungen.

(S p ä t e r :)

Heinrich Böll 1947 bis 1951.
Wo warst du, Adam? und Erzählungen.

<u>1963</u> Köln: Middelhauve. 487 S.
   (Gesamtauflage über 800 Tsd.) 244

   I n h a l t

   Der Zug war pünktlich (E)

   Wo warst du, Adam? (R)

   Wanderer, kommst du nach Spa ...
   (25 Erzählungen wie im SBd. der BNr. 11)

   Die schwarzen Schafe (E)

<u>Der Zug war pünktlich und andere Erzählungen.</u>

<u>1963</u> Gütersloh: Bertelsmann Lesering. 318 S.   245

   I n h a l t

   Der Zug war pünktlich

   Wanderer, kommst du nach Spa ...
   (25 Erzählungen wie im SBd. der BNr. 11)

   Die schwarzen Schafe

<u>Die Essenholer und andere Erzählungen.</u>

<u>1963</u> Frankfurt: Hirschgraben-Verlag. 62 S.
   (Hirschgraben-Lesereihe, 1.26. - 1969: 5.Aufl.)   246

   I n h a l t
   Auch Kinder sind Zivilisten
   Der Bahnhof von Zimpren
   Damals in Odessa
   Eine Kiste für Kop
   Die Essenholer
   Die Postkarte
   Der Tod der Elsa Baskoleit
   Über mich selbst (A)
   Wanderer, kommst du nach Spa ...
   Wiedersehen in der Allee

<u>Hierzulande.</u> (SBd.: Aufsätze zur Zeit)

<u>1963</u> München: Deutscher Taschenbuch Verlag. 152 S.
   (Sonderreihe dtv 11. - 1973:101.-110.Tsd.) . . . 247

   I n h a l t
   Bekenntnis zur Trümmerliteratur
   Brief an einen jungen Katholiken
   Cocktail-Party
   Ein Denkmal für Joseph Roth
   Großeltern gesucht
   Hierzulande
   Kunst und Religion
   (Forts. nächste Seite)

Lämmer und Wölfe (RAV)
Der Rhein
Das Risiko des Schreibens
Die Sprache als Hort der Freiheit (RAV)
Stadt der alten Gesichter
Die Stimme Wolfgang Borcherts
Thomas Wolfe und das bittere Geheimnis des Lebens
Über den Roman
Über mich selbst
Vom deutschen Snob
Was ist kölnisch?
Der Zeitgenosse und die Wirklichkeit
Der Zeitungsverkäufer
Zur Verteidigung der Waschküchen
Zwischen Gefängnis und Museum

     I n h a l t
     Der Mann mit den Messern
     So ein Rummel
     Steh auf, steh doch auf
     Die ungezählte Geliebte
     Wanderer, kommst du nach Spa ...
     Wir Besenbinder

     I n h a l t
     Damals in Odessa
     Doktor Murkes gesammeltes Schweigen
     Es wird etwas geschehen
     Im Lande der Rujuks
     Mein teures Bein
     (Forts. nächste Seite)

Die Postkarte
Undines gewaltiger Vater
Die ungezählte Geliebte
Die Waage der Baleks

Über die Brücke.
   (SBd./Deutsche Auslands-Ausgabe/Japan)
<u>1963</u> Tokio: Bunrin-Shoin. 41 S. 253
   I n h a l t
   Mein teures Bein
   Über die Brücke
   Wir Besenbinder

Spanischer Sammel-Band u.d.T.
"Los silencios del Doctor Murke y otras sátiras".
EVB
<u>1963</u> Madrid: Taurus Editiones. 148 S. (Narraciones, 8) 254
   Inhalt wie bei BNr. 135.

Interview mit Thomas Mandl für Deutsche Welle (Köln).
<u>1964</u> (17.1.) 6 Blatt Funk-Manuskript. 255

Zu Reich-Ranicki's "Deutsche Literatur in West und Ost"
EVZ
<u>1964</u> (31.1.) in 'Die Zeit', Hamburg. 256.1
   1967 (EVB) im SBd. der BNr. 350. . . . . 256.2

Gesinnung gibt es immer gratis. (A)
EVZ
<u>1964</u> (9.2.) u.d.T. "Gesinnung gibt es gratis"
   in 'Der Tagesspiegel', Berlin. 257.1
   1964 (7.3.) in 'Tages-Anzeiger', Zürich. 257.2
   1964 (8./9.8.) u.d.T. "Gesinnungen aber gibt es
     immer gratis" (Plädoyer für freigelassene
     Autoren, Leser und Romanfiguren) in
     'Süddeutsche Zeitung', München. 257.3
   1964 (Sept.) u.d.T. "Regentonne vor dem Haus" in
     'Kontraste', Freiburg. Nr. 15, S.44. . . . 257.4
   1967 (EVB) im SBd. der BNr. 350. . . . . 257.5

Eine gar nicht ganz hygienische Beichte. (E)
EVZ
<u>1964</u> (22.3.) in 'Der Tagesspiegel', Berlin. 258

Über Balzac. (A)
EVZ
<u>1964</u> (29.3.) u.d.T. "Beim Wiederlesen Balzacs" in
   'Der Tagesspiegel', Berlin. Literaturblatt. . . 259.1

1967 (EVB) im SBd. der BNr. 350. . . . . 259.2

Ü b e r s e t z u n g e n
Ungarisch
1969 im SBd. der BNr. 433. . . . . 259.3

Interview von Dr. A. Rummel.

EVR
1964 (14.4.) u.d.T. "Dichterporträt Heinrich Böll"
beim Kulturellen Tonbanddienst, Bonn, für Inter
Nationes. Erstsendung: Bayerischer Rundfunk, M.   260.1
1964 (Aug./EVZ) in 'Werkhefte katholischer
Laien', München. H.8/9. S. 273-275. . . . .   260.2
1967 (EVB) im SBd. der BNr. 350. . . . .   260.3

Gefahr unter falschen Brüdern. (KRB)

EVZ
1964 (15.4.) H. Böll über Anna Seghers "Transit" in
'Der Spiegel', Hamburg. 18.Jg., Nr. 16. . . . .   261.1
1967 (EVB) im SBd. der BNr. 350. . . . .   261.2
1969 in "Literatur im Spiegel".
Reinbek bei Hamburg: Rowohlt. 267 S. . . .   261.3

Frankfurter Vorlesungen. (Poetik-Vorlesungen)

EVR
1964 Vier Poetik-Vorlesungen a. d. Frankf. Universität   262.1
13.5. Erste Vorlesung
27.5. Zweite Vorlesung
24.6. Dritte Vorlesung
 8.7. Vierte Vorlesung

1966 (EVB) Köln: Kiepenheuer & Witsch. 110 S. .   262.2
1968 München: Deutscher Taschenbuch Verlag. 122 S.
(dtv Sonderreihe 68) 262.3

Auszüge, Bearbeitungen, Böll-Aussagen

1965 (Mai) 2. FV, Ausz. u.d.T. "Auf der Suche naoh
Orten" in 'Der Monat', Berlin. Bd.33, H.200.   262.4
1966 (Dez.) 1. FV, Ausz. u.d.T. "Literatur human -
sozial" in 'Sonntag', Berlin. Nr. 52. . . .   262.5
1966 (31.12.) FV, Ausz. u.d.T. "Bodenlose Gesellschaft" in 'Frankfurter Allgemeine Zeitung'.   262.6
1966 2. FV, Ausz. "Wenn ein Poet ..." als Vorwort
zu "Deutsche Erzähler aus zwei Jahrzehnten"
Hrsg. von Wolfgang R. Langenbucher.
Herrenalb: Erdmann. 528 S.
(1966: 2. Aufl., 496 S., S.7-13) 262.7
1967 Sendung von FV-Auszügen im RIAS, Berlin .   262.8
31.5.67 u.d.T. "Zur Situation der Literatur"
 7.6.67 u.d.T. "Über den Humor"
14.6.67 u.d.T. "Zur Ästhetik des Humanen"

1968 FV, Auszug u.d.T. "Über die Nachkriegs-
    literatur" in "Im elften Jahr". Erdmann
    Almanach. Tübingen: Erdmann Verl. 158 S. . .   262.9
1969 2.FV, Auszug u.d.T. "Vorspruch" in
    "Spreewind". Berliner Geschichten.
    Berlin: Rembrandt-Verlag. 164 S. 262.10

Ü b e r s e t z u n g e n

Russisch
1967 FV, Auszug in 'Inostrannaja literatura',
    Moskau. Nr. 3, S. 18-24. . . . .   262.11

Slowakisch
1969 2.FV, Ausz. ("Auf der Suche nach Orten" in
    'Der Monat', Berlin, vom Mai 1965. BNr.262.4)
    übers. und als Uvod (Vorwort) verwendet in
    der ungar. Anthologie "Lebo človek hl'adá
    teplo. Nemecké poviedky dvoch desatroči".
    (s.a. BNr. 219.30) 262.12

Des survivantes qui passent ... (IG)

<u>1964</u> (4.-10.6.) Un entretien de Jean Tailleur avec
    H.Böll. (Überlebende die vorübergehen ... Ein
    Gespräch). In 'Les lettres françaises', Paris. .   263

Unterwerfung gefordert. (KRB)

EVZ
<u>1964</u> (29.7.) H.Böll über Klemens Brockmöller SJ:
    "Industriekultur und Religion".
    Frankfurt: M.Knecht. 1964. 288 S.
    In 'Der Spiegel', Hamburg. 264.1

    1967 (EVB) im SBd. der BNr. 350. . . . .   264.2

Besprechung Melita Maschmann "Fazit". (KRB)

EVZ
<u>1964</u> (18.12.) Besprechung u.d.T. "Das Ärgernis liegt
    in der Luft" von Melita Mschmann's "Fazit".
    In 'Welt der Arbeit', Köln. Nr. 51/52. . . . .   265.1

    1967 (EVB) im SBd. der BNr. 350. . . . .   265.2

Die Befreiten erzählen. (KRB)

EVZ
<u>1964</u> (18.12.) Rezension zu Botkin "Die Stimme des
    Negers" in 'Die Zeit', Hamburg. 266.1

    1967 (EVB) im SBd. der BNr. 350. . . . .   266.2

Weggeflogen sind sie nicht. (F)

EVR
<u>1964</u> (Weihnachten) Auf Band gesprochen für Radio Prag
    zur Sendung Weihnachten 1964. . . . .   267.1
    (U.d.T. "Unterredung mit der Schnee-Eule")

```
          Schwedisch
                        o
          1966 "Olovligt undanhållande". Ü: John W.Walldén.
               Stockholm: Bonniers. 103 S.(Panachserien)  .  270.1

          Serbokroatisch
          1969 "Dalje od trupe". Ü: Marija Dordevic.
               Belgrad: Izsavačko preduzecé "Rad". 85 S.  .  270.1

          Ungarisch
          1966 "El a csapattól". Ü: Ottó Jávor. In "Hárman
               mennek, bszélgetnek".Mai ńemet kisregények.
               Budapest: Europa-Verlag. 618 S.(S.555-610) .  270.1
          1970 im SBd. der BNr. 473. . . . . . . . . . . .  270.1
```

Zum Tee bei Dr. Borsig. (SBd.: 8 Hörspiele)

1964 München: Deutscher Taschenbuch Verlag. 183 S.
     (dtv-Taschenbücher 200. - 1972: 9.Aufl.100-120.T)   271

          I n h a l t
          Bilanz
          Eine Stunde Aufenthalt
          Klopfzeichen
          Konzert für vier Stimmen
          Mönch und Räuber
          Sprechanlage
          Die Spurlosen
          Zum Tee bei Dr. Borsig

Novellen. Erzählungen. Heiter-satirische Prosa.
Irisches Tagebuch. Aufsätze. Hörspiele.

1964 Stuttgart: Europäischer Buchklub. 431 S.   272

          I n h a l t

          Novellen. Erzählungen. Heiter-satirische Prosa;
          Inhalt wie bei BNr. 229.

          Irisches Tagebuch
          Inhalt wie bei BNr. 117.1

          Aufsätze:
          Inhalt wie bei BNr. 229,
          ohne Hierzulande und
          ohne Reise durch Polen.

          Hörspiele:
          Eine Stunde Aufenthalt
          Zum Tee bei Dr. Borsig

Aufsätze zur Zeit.
     (SBd./Deutsche Auslands-Ausgaben/Japan)
1964 Tokio: Asahi-Verlag. 48 S.   273

          I n h a l t
          Bekenntnis zur Trümmerliteratur
          Das Risiko des Schreibens
          Die Sprache als Hort der Freiheit
          Über den Roman
          Der Zeitgenosse und die Wirklichkeit

Die Postkarte.
    (SBd./Deutsche Auslands-Ausgabe/Japan)

    I n h a l t
    Bekenntnisse eines Hundefängers
    Die Postkarte
    Wie in schlechten Romanen

Dänischer Sammel-Band u.d.T.
"Uberegnelige Gaester" (Unberechenbare Gäste)
EVB
    I n h a l t
    Doktor Murkes gesammeltes Schweigen
    Erinnerungen eines jungen Königs
    Es wird etwas geschehen
    Hier ist Tibten
    Im Lande der Rujuks
    Im Tal der donnernden Hufe
    Nicht nur zur Weihnachtszeit
    Die Postkarte
    Schicksal einer henkellosen Tasse
    So ward Abend und Morgen
    Unberechenbare Gäste
    Die unsterbliche Theodora
    Der Wegwerfer
    Wie in schlechten Romanen

Georgischer Sammel-Band u.d.T.
და არ უთქვამს არც ერთი სიტყვა(რომანი)+მოთხრობები
Und sagte kein einziges Wort (Roman) + Erzählungen
EVB
    I n h a l t
    Und sagte kein einziges Wort (R)
    E r z ä h l u n g e n
    Abenteuer eines Brotbeutels
    An der Brücke
    Die blasse Anna
    Die Botschaft
    Das Brot der frühen Jahre
    Doktor Murkes gesammeltes Schweigen
    Geschäft ist Geschäft
    Der Lacher
    Lohengrins Tod
    Der Mann mit den Messern
    Mein teures Bein
    Mein trauriges Gesicht
    Wanderer, kommst du nach Spa . . .
    Wie in schlechten Romanen
    Der Zwerg und die Puppe

Italienischer Sammel-Band u.d.T.
"Racconti umoristici e satirici"
EVB
1964 Mailand: Bompiani. 183 S. Ü: Lea Ritter Santini e
Marianello Marianelli. . . . .

I n h a l t
Der Bahnhof von Zimpren
Bekenntnisse eines Hundefängers
Doktor Murkes gesammeltes Schweigen
Es wird etwas geschehen
Hauptstädtisches Journal
Der Lacher
Nicht nur zur Weihnachtszeit
Schicksal einer henkellosen Tasse
Die schwarzen Schafe
Unberechenbare Gäste
Die unsterbliche Theodora
Die Waage der Baleks
Der Wegwerfer

Niederländischer Sammel-Band u.d.T.
"De zwarte Schapen en andere verhalen".
EVB
1964 Amsterdam, Brüssel: Elsevier. 288 S. Ü:H.L.Mulder

I n h a l t

Der Zug war pünktlich (E)

Wanderer, kommst du nach Spa ...
(25 Erzählungen wie im SBd. der BNr. 11)

Die schwarzen Schafe (E)

Polnischer Sammel-Band u.d.T.
"Odjazd za godzine" (Eine Stunde Aufenthalt)
EVB
1964 Warschau: Pax. 250 S. Ü: Teresa Jętkiewicz. . .

I n h a l t

E r z ä h l u n g e n
Das Abenteuer
An der Angel
An der Brücke
Der Bahnhof von Zimpren
Bekenntnis eines Hundefängers
Es wird etwas geschehen
Geschäft ist Geschäft
Im Tal der donnernden Hufe
Mein Onkel Fred
Schicksal einer henkellosen Tasse
Die schwarzen Schafe
Trunk in Petöcki
Unberechenbare Gäste
(Forts. nächste Seite)

Unsere gute, alte Renée
Der Wegwerfer
Der Zwerg und die Puppe
H ö r s p i e l e
Eine Stunde Aufenthalt
Die Spurlosen

Spanischer Sammel-Band u.d.T.
"La aventura y otros relatos".
EVB
1964 Barcelona: Edit. Seix Barral. 287 S. Ü: M.Fontseré.   280
Inhalt: Die Erzählungen, der BNr. 212.

Stichworte 1-5. (A)
EVR
1965 (17.1.) im Hessischen Rundfunk, Frankf. 1.Progr.   281.1
1965 (EVB) Stichworte (1. Wetter, 2. Örtlichkeit,
3. Post, 4. Lektüre, 5. Arbeit) in
"Das Tagebuch und der moderne Autor".
München: Hanser. 129 S. (Prosa viva 20) . .   281.2
1967 im SBd. der BNr. 350. (5. "1945"= "Arbeit")   281.3

Auszüge, Bearbeitungen, Böll-Aussagen
1965 Stichworte (1.Wetter, 2.Örtlichkeit, 3.Post)
in "Jahresring 65/66".
Stuttgart: Deutsche Verl.-Anstalt. 440 S. .   281.4
1965 Stichwort 5 u.d.T. "Kümmelblättchen, Spritzen-
land, Kampfkommandantur" im SBd. der BNr. 298.   281.5
1965 Dasselbe in "1945". Ein Jahr in Dichtung und
Bericht. Frankfurt: S. Fischer. 262 S.
(Fischerbücherei 663) 281.6
1965 (24.11.) u.d.T. "Beim 1. FC zu Haus" Auszug
aus Stichwort 2: Örtlichkeit.
In 'Kölner Stadt-Anzeiger'. 281.7
1967 Dasselbe in Karl Schwarz "Dichter deuten den
Sport". Literarische Essays und Porträts. I.
Schondorf b. Stuttg.: Verl. Karl Hofmann.
(Schriftenreihe zur Theorie der Leibeserzie-
hung. Texte, Quellen, Dokumente. Bd.4) 161 S.   281.8
1970 Stichwort 5 u.d.T. "Kümmelblättchen, Spritzen-
land, Kampfkommandantur" in "Das Jahr '45".
Dichtung, Bericht, Protokoll dt. Autoren.
Gütersloh: C. Bertelsmann. 303 S. 281.9

Ü b e r s e t z u n g e n

Niederländisch
1968 Stichwort 5 u.d.T. "Kümmelblättchen,Spritzen-
land, Kampfkommandantur" im SBd. der BNr.386.   281.10

Ungarisch
1969 Stichworte (1-5)
im SBd. der BNr. 433. . . . .   281.11

Der Autor verbirgt etwas ... was? (IG)

EVR
1965 (Jan.) Gespräch zwischen H. Böll und Adriaan Mor-
     riën über sein Schaffen seit 1949. Aufgenommen
     unter der Regie von Hans Keller in Verbindung mit
     dem Westdeutschen Rundfunk, Köln.
     Erstsendung im 1. Niederl.Fernsehen Ende Jan. 65.   282

Jürgen Becker: "Felder". (KRB)

EVZ
1965 (Jan./März) u.d.T. "Rezension zu Jürgen Becker:
     "Felder" in 'Neue Rundschau', Frankfurt. 283.1
     1967 (EVB) im SBd. der BNr. 350. . . . .   283.2

Christen im Korea-Krieg. (KRB)

EVZ
1965 (21.4.) Rezension zu Richard E. Kim "Die Märtyrer"
     in 'Der Spiegel', Hamburg. Nr. 17. . . . .   284.1
     1967 (EVB) im SBd. der BNr. 350. . . . .   284.2

Angst vor der "Gruppe 47"? (A)

EVR
1965 (Aug.) in 'Merkur', Köln. Jg.19, H.209. . . . . .   285.1
     1967 (EVB) im SBd. der BNr. 350. . . . .   285.2
     1967 in "Die Gruppe 47". Bericht, Kritik, Pole-
     mik. Ein Handbuch. Neuwied: Luchterhand.565 S.   285.3

Geduld und Ungeduld mit der deutschen Sprache. (IG)

EVZ
1965 (28.10.) In: "Die Welt der Literatur", Hamburg.
     Jg.2, Nr.22 (Serie: Interview mit sich selbst. VI)   286.1
     1966 In Albrecht Beckel: "Mensch, Gesellschaft
     und Kirche bei Heinrich Böll" u.d.T. "Inter-
     view mit mir selbst". Osnabrück: Fromm (?).   286.2

Keine so schlechte Quelle. (KRB)

EVZ
1965 (1.12.) in 'Der Spiegel', Hamburg. Nr. 49. . . .   287.1
     1967 (EVB) im SBd. der BNr. 350. . . . .   287.2
     1969 in "Literatur im Spiegel".
     Reinbek bei Hamburg: Rowohlt. 267 S. 287.3

Werner von Trott zu Solz. (A)

EVZ
1965 (10.12.) u.d.T. "Ein letzter Deutscher" (Nachruf
     und Hinw.a.d. bei Walter in Olten erschienene Auf-
     satzs."Der Untergang des Vaterlandes") in FAZ. . .   288.1
     1967 im SBd. der BNr. 350. . . . .   288.2

Heinrich Bölls Stellungnahme
zu einem Artikel über Wolf Biermann. (A)
EVZ
1965 (17.12.) in 'Die Zeit', Hamburg. 289

Silvester-Artikel. (F)
EVZ
1965 (31.12.) u.d.T. "Wenn ich je Zeit fände, ernst-
    haft Germanistik zu studieren."
    In 'Süddeutsche Zeitung', München. 290.1

    1967 (EVB) im SBd. der BNr. 350. . . . . 290.2

Heimat und keine. (A)
EVB
1965 Vorwort zu "Zeit der Ruinen". Köln am Ende der
    Diktatur. Köln: Kiepenheuer & Witsch. XX, 96 S. . 291.1

    1967 im SBd. der BNr. 350. . . . . 291.2

    Ü b e r s e t z u n g e n

    Ungarisch
    1969 im SBd. der BNr. 433. . . . . 291.3

Wort und Wörtlichkeit. (A)
EVB
1965 Vorwort zur deutschen Übersetzung von G.B.Shaw's
    "Caesar und Cleopatra" durch Annemarie und Hein-
    rich Böll. Frankfurt: Suhrkamp. 163 S. 292.1

    1967 im SBd. der BNr. 350. . . . . 292.2

Jugendschutz. (A)
EVB
1965 in "... der jungen Leser wegen". Tatsachen, Mei-
    nungen, Ratschläge. Düsseldorf: Schwann. 286 S. . 293.1

    1967 im SBd. der BNr. 350. . . . . 293.2

Raderberg, Raderthal. (S)
EVB
1965 in "Atlas". Zusammengestelt von 43 dt. Autoren.
    Berlin: Wagenbach. 320 S. 294.1

    1967 im SBd. der BNr. 350. . . . . 294.2
    1968 München: Deutscher Taschenbuch Verl. 246 S.
    (dtv-Taschenbücher 513) 294.3

    Ü b e r s e t z u n g e n

    Ungarisch
    1969 im SBd. der BNr. 433. . . . . 294.4

Inspektor Moll (in: "Rat der Weltunweisen") (R-Kapitel)

EVB
<u>1965</u> (1o Autoren schreiben einen Roman – u.a. H.Böll
    mit einem Roman-Kapitel) (Kap. VI)
    Gütersloh: S. Mohn. 172 S. 295.1

    Ü b e r s e t z u n g e n

    Niederländisch
    1967 "De begrafenis vindt om vier uur plaats"
        (Inspektor Moll) in "Der Rat der Weltun-
        weisen" (niederl.). Ü: Klein-von Baumhauer.
        Amsterdam, Brüssel: Elsevier. 158 S.   . . .   295.2

Brendan Behan. (A)

<u>1965</u> geschrieben. EVZ nicht ermittelt. 296.1
    1967 (EVB) im SBd. der BNr. 350. . . . .   296.2

    Ü b e r s e t z u n g e n

    Ungarisch
    1969 im SBd. der BNr. 433. . . . .   296.3

Mauriac zum achtzigsten Geburtstag. (A)

<u>1965</u> geschr. zum 80. Geburtstag (11.10.).
    EVZ nicht ermittelt. 297.1
    1967 (EVB) im SBd. der BNr. 350. . . . .   297.2

    Ü b e r s e t z u n g e n

    Englisch
    1967 (28.9.) "A catholic novelist" (Mauriac zum
        80. Geburtstag am 11.10.) in 'The times
        literary supplement', London. 297.3

Als der Krieg ausbrach.
    ('Erzählungen I', später: 'Erzählungen')

<u>1965</u> München: Deutscher Taschenbuch Verlag. 261 S.
    (dtv-Taschenbücher 339. – 1973: 9.Aufl.,151.–170.T)   298

    I n h a l t
    Das Abenteuer
    Abenteuer eines Brotbeutels
    Als der Krieg ausbrach
    Als der Krieg zu Ende war
    Die blasse Anna
    Daniel, der Gerechte
    Eine Kiste für Kop
    Entfernung von der Truppe
    Im Tal der donnernden Hufe
    Kümmelblättchen, Spritzenland, Kampfkommandantur.
    Die Postkarte
    So ward Abend und Morgen
    Der Tod der Elsa Baskoleit
    (Forts. nächste Seite)

Undines gewaltiger Vater
Die Waage der Baleks
Wie in schlechten Romanen
Der Zwerg und die Puppe

      I n h a l t
      Der Mann mit den Messern
      Mein trauriges Gesicht
      Wanderer, kommst du nach Spa ...
      Wiedersehen mit Drüng

      I n h a l t
      Als der Krieg ausbrach
      Als der Krieg zu Ende war
      Entfernung von der Truppe

      I n h a l t

      Wo warst du, Adam? (R)
      E r z ä h l u n g e n
      An der Brücke
      Die Botschaft
      Die Essenholer
      Geschäft ist Geschäft
      In der Finsternis
      Lohengrins Tod
      Der Mann mit den Messern
      Mein teures Bein
      Mein trauriges Gesicht
      Über die Brücke
      Unsere gute, alte Renée
      Wanderer, kommst du nach Spa ...

Niederländischer Sammel-Band u.d.T.
"Weg van de troep en andere verhalen".
EVB
<u>1965</u> Amsterdam, Brüssel: Else~: . ;60 S.; (1.u.2.Aufl.)   303
I n h a l t
Doktor Murkes gesammelte Schweigen
Entfernung von der Truppe
Es wird etwas geschehen
Hauptstädtisches Journal
Nicht nur zur Weihnachtszeit
Unberechenbare Gäste
Der Wegwerfer

Russischer Sammel-Band u.d.T.
"Gorod privyčnich lic." (Stadt der gewohnten Gesichter)
EVB
<u>1965</u> Moskau: Molodaja gvardija. (Verlag des ZK des
WLKSM "Junge Garde".) Ü: L.Lunginaja.   304
I n h a l t
Vorwort von Lew Ginsburg:
"Dobrýj čelovek iz Kel'na" (Der gute Mensch aus
Köln)
Als der Krieg ausbrach (E)
Als der Krieg zu Ende war (E)
Stadt der gewohnten (=alten) Gesichter (A)
Über mich selbst (A)
Hörspiele:
Konzert für 4 Stimmen
Stunde der Erwartung

Ungarischer Sammel-Band u.d.T.
"Doktor Murke összegyüjtött hallgatásai"
EVB
<u>1965</u> Budapest: Magveto. 478 S. (Világ-Könyvtár). . . .   305
I n h a l t
E r z ä h l u n g e n
Abenteuer eines Brotbeutels
An der Brücke
Der Bahnhof von Zimpren
Die Botschaft
Damals in Odessa
Doktor Murkes gesammeltes Schweigen
Es wird etwas geschehen
Geschäft ist Geschäft
Hauptstädtisches Journal
Hier ist Tibten
Im Lande der Rujuks
Im Tal der donnernden Hufe
Der Lacher
Lohengrins Tod
Der Mann mit den Messern
Mein Onkel Fred
(Forts. nächste Seite)

Mein trauriges Gesicht
Nicht nur zur Weihnachtszeit
Die Postkarte
Die schwarzen Schafe
Unberechenbare Gäste
Die unsterbliche Theodora
Die Waage der Baleks
Wanderer, kommst du nach Spa ...
Wiedersehen in der Allee
Wie in schlechten Romanen
Der Zug war pünktlich
H ö r s p i e l e
Eine Stunde Aufenthalt
Zum Tee bei Dr. Borsig
A u f s ä t z e
Bekenntnis zur Trümmerliteratur
Brief an einen jungen Katholiken
Das Risiko des Schreibens
Über mich selbst

Warum ich kurze Prosa wie
Jakob Maria Hermes und Heinrich Knecht schreibe. (E)

EVR
1966 (9.1.) u.d.T. "Warum ich kurze Prosa schreibe"
im Hessischen Rundfunk, Frankfurt. 1.Programm.
(Sendereihe "Modell und Provokation") 306.1

1966 (Jan./März) in 'Neue Rundschau', Frankfurt.   306.2
1967 (EVB) in "Fünfzehn Autoren suchen sich
selbst". (H.Böll über seine literarischen
Vorbilder). München: List. 174 S.
(List-Taschenbücher 325) 306.3
1970 (18.4.) u.d.T. "Der siebte Koffer" in
'Frankfurter Rundschau', Nr. 90.   . . . . .   306.4
1972 im SBd. der BNr. 513. . . . .   306.5

Ü b e r s e t z u n g e n

Englisch
1966 im SBd. der BNr. 327. (USA) 306.6
1967 "   "   "   "   353. . . . .   306.7

Das Zeug zu einer Äbtissin. (KRB)

EVZ
1966 (2.5.) H. Böll über Mary McCarthy: "Eine katholi-
sche Kindheit" in 'Der Spiegel', Hamburg. 307.1

1967 (EVB) im Sbd. der BNr. 350.   . . . .   307.2

Eine ganze Provinz besetzt. (A)

EVZ
1966 (15.7.) (Zum 60. Geburtstag am 17.7.66 von Dr.Jo-
seph Caspar Witsch). In 'Börsenblatt für den
deutschen Buchhandel', Frankfurt. Nr. 56. . . . .   308.1

1966 in "Gratulatio für J.C.Witsch"(Privatdruck)
Köln: Kiepenheuer & Witsch. 330 S. (S.33-36)   308.2

Die Freiheit der Kunst. (RAV)
EVR
<u>1966</u> (24.9.) Rede zur Eröffnung des Wuppertaler Schau-
     spielhauses (3.Wuppertaler Rede) u.d.T. "Die Kunst
     muß zu weit gehen". 309.1
     1966 (30.9./EVZ) in 'Die Zeit', Hamburg. 309.2
     1967 Berlin: Voltaire-Verlag. 8 S.
          (Voltaire Flugschriften, H.4) 309.3
     1967 (EVB) im SBd. der BNr. 350. . . . .   309.4
     1968 in "Von Friedrich Engels bis Heinrich Böll".
          Respektlose Stimmen aus Wuppertal.
          Wuppertal: Peter Hammer. 166 S. 309.5
     1972 in "Deutsche Nobel Galerie". Percha: R.S.Schulz 309.6
     Ü b e r s e t z u n g e n

     Ungarisch
     1969 im SBd. der BNr. 433. . . . .   309.7

Brief an einen jungen Nichtkatholiken. (A)
EVZ (Günter Wallraff)
<u>1966</u> (Sept.) in "Kursbuch", Frankfurt. Hrsg. Hans Mag-
     nus Enzensberger. H.7, Jg.2. . . . .   310.1

     1967 (EVB) im SBd. der BNr. 350. . . . .   310.2

     Ü b e r s e t z u n g e n

     Russisch
     1967 (23.8.) "Gospodin čistyj i grjaznaja bomba".
          In 'Literaturnaja gazeta', Moskau. 310.3

     Ungarisch
     1969 im SBd. der BNr. 433. . . . .   310.4

Ende einer Dienstfahrt. (E)
EVB
<u>1966</u> (Sept.) Köln: Kiepenheuer & Witsch. 252 S.
     (1969: 5.Aufl. 93.-97.Tsd.) 311.1

     1967 Leipzig: Insel-Verlag. 229 S. 311.2
     1968 Frankfurt: Büchergilde Gutenberg. 311.3
     1968 Darmstadt: Deutsche Buch-Gemeinschaft. . . .   311.4
     1969 München: Deutscher Taschenbuch Verl. 152 S.
          (dtv-Taschenbücher 566. - 1973: 181.-205.T.)   311.5
     1969 Gütersloh: Bertelsmann. (1971: Neudruck) .   311.6
     1969 Stuttgart: Europäische Bildungsgemeinschaft.   311.7
     1969 Wien: Buchgemeinschaft Donauland. 311.8
     1971 im SBd. der BNr. 496. . . . .   311.9

     Auszüge, Bearbeitungen, Böll-Aussagen

     1966 (25.12.) u.d.T. "Unter Ausschuß der Öffent-
          lichkeit: der erste militärische Zeuge".
          Leseprobe in 'Der Sonntag', Berlin. Nr. 52 .   311.10
     1967 (März) "Einführung in 'Dienstfahrt'". Über
          die Entstehung der Erzählung. In 'Werkhefte'
          Zeitschrift für Probleme der Gesellschaft u.
          des Katholizismus, München. H.3. . . . . . .   311.11

1967 (EVB) "Einführung in 'Dienstfahrt'".
Im SBd. der BNr. 350. . . . .   311.12
1971 (14.3.) Fernsehfilm in Farbe. Drehbuch:
Franz Geiger n.d. Böll-Erzählung.
Erstsendung: Hessischer Rundfunk-Fernsehen
im ARD-Programm. 311.13

Ü b e r s e t z u n g e n

Bulgarisch
1971 "Taka zavarši edna komandirovka" (So endete
eine Dienstfahrt). Ü: Maria Stajnova.
Plovdiv: Hristo G. Danov. 176 S. 311.14

Dänisch
1968 "Missionen endt". Ü: Vibeke u. Herbert Steinthal. Kopenhagen: Grafisk Forlag. 207 S. . .   311.15

Englisch
1968 "The end of a mission". Ü: Leila Vennewitz.
London: Weidenfeld and Nicolson. 207 S. . .   311.16
1968 "End of a mission". Ü: Leila Vennewitz.
New York: McGraw-Hill. 207 S. 311.17

Französisch
1968 "Fin de mission". Ü: S. et G. de Lalène.
Paris: Editions du Seuil. 189 S. 311.18

Niederländisch
1966 "Einde van een dienstreis". Ü: van W. Wielek-
Berg. Amsterdam, Brüssel: Elsevier.
(1969: 2. Aufl.) 311.19

Norwegisch
1970 im SBd. der BNr. 471. . . . .   311.20

Polnisch
1969 "Koniec podróży stużbowej". Ü: T.Jętkiewicz.
Warschau: Czytelnik. 284 S. 311.21

Russisch
1966 "...". In 'Inostrannaja Literatura', Moskau.
Nr.11, S.170-203 u. Nr. 12, S.128-190. . . .   311.22

Schwedisch
1968 "Slutet på en tjänsteresa". Ü: J.W.Walldén.
Stockholm: Bonniers. 205 S. 311.23

Slowakisch
1969 "Koniec služobnej cesty". Ü: Miroslav Kállay
Bratislava: Slovenský spisovatel'. 157 S. .   311.24

Slowenisch
1968 "Konec službene vožnje". Ü: Martina Rotar.
Maribor: Založba Obzorja. 167 S. 311.25

Spanisch
1968 "Acto de servicio". Ü: Michael Faber-Kaiser.
Barcelona: Editorial Seix Barral. 200 S. . .   311.26

Tschechisch
1968 "Konec jedné služebni jizdy". Ü: V. Kafka.
Prag: Odeon. 167 S. 311.27

Ungarisch
1968 "Egy szolgálati út vége". Ü: Jósef Gáli.
          Budapest: Europa-Verlag. 218 S. . . . . . . 311.

Der Rhein. (A)

EVZ
__1966__ (Juli/Sept.) Zu Holzschnitten von HAP Grieshaber.
     In 'Köln'. Vierteljahrschrift für die Freunde
     der Stadt. H.3. . . . . 312.
     1967 (EVB) im SBd. der BNr. 350. . . . . 312.

Gespräch Heinrich Böll und N.L.Dupak (im "Theater an der Tanganka".)

EVZ
__1966__ (Okt.) in 'Trud', Moskau. 313

An einen Bischof, einen General und einen Minister des Jahrgangs 1917. (A)

EVZ
__1966__ (2.12.) in 'Die Zeit', Hamburg. 314.1
     1967 (EVB) im SBd. der BNr. 350. . . . . 314.2
     1967 in "Jahr und Jahrgang 1917".
          Hamburg: Hoffmann u. Campe. 150 S. 314.3

Ü b e r s e t z u n g e n

Russisch
1967 (11.1.) Auszug in 'Literaturnaja gazeta',
     Moskau (ohne den an den Minister gerichteten
     Teil). 314.4
Ungarisch
1969 im SBd. der BNr. 433. . . . . 314.5

Die Kirche im Dorf. (E)

EVZ
__1966__ (Dez.) Erzählung über das 6. Gebot.
     In 'Merkur', Köln. Jg.20, Nr.225 (H.12). 315.1
     1967 in "Die zehn Gebote". Exemplarische Erzäh-
          lungen. (Nach einer Sendereihe des RIAS)
          Reinbek bei Hamburg: Rowohlt. 218 S.
          (Die Bücher der Neunzehn, 147) 315.2
          1969 Dasselbe. rororo 1233. Ebenda. 154 S. . 315.3
     1972 im SBd. der BNr. 513. . . . . 315.4

Ü b e r s e t z u n g e n

Norwegisch
1970 im SBd. der BNr. 471. . . . . 315.5
Spanisch
1971 "La iglesia en el pueblo". Ü: Pilar Lorenzo.
     In "Los Diez Mandamientos". Narraciones
     ejemplares. (S. 115-142) 315.6

Das wahre Wie, das wahre Was. (A)

EVB
1966 ('Ratschläge für mündliche Erzähler'. Nachwort.)
In "Dichter erzählen Kindern". 36 Originalge-
schichten deutschsprachiger Autoren. Mit einem
Vorwort von Heinrich Böll.
Köln: Middelhauve. 286 S. 316.1
    Dasselbe 1969: München: Deutscher Taschenb.-
    Verlag. 189 S. (dtv-Taschenbücher 574,
    S.185-189. - 1971: 4.Aufl. 41.-50.Tsd.) . . 316.2
1967 (EVB) im SBd. der BNr. 350. . . . . 316.3

Ü b e r s e t z u n g e n

Ungarisch
1969 im SBd. der BNr. 433. . . . . 316.4

Vorwort zu "Unfertig ist der Mensch". (A)

EVB
1966 Vorwort an den Leser. In "Unfertig ist der
    Mensch". Hrsg. von H.Böll und Erich Koch.
    München: Verlag Mensch und Arbeit. 211 S. 317.1
    Dasselbe u.d.T. "Werk und wir". Hrsg.
    Hoesch AG, Dortmund. 18. Jahresgabe. 317.2
1967 (EVB) im SBd. der BNr. 350. . . . . 317.3

Was ist eine christliche Grundlage? (F)

1966 geschrieben. EVZ nicht ermittelt. 318.1
1967 (EVB) im SBd. der BNr. 350. . . . . 318.2

Doktor Murkes gesammeltes Schweigen und andere Satiren.

1966 Darmstadt: Deutsche Buch-Gemeinschaft. 157 S. . . 319
    Inhalt wie bei BNr. 135.

Heinrich Böll 1947 - 1951.
Wo warst du, Adam? und Erzählungen.

1966 Frankfurt: Büchergilde Gutenberg. 431 S.
    (1967: 2. Aufl. 11.-20. Tsd.) 320
    Inhalt wie bei BNr. 244.

Heinrich Böll 1947 - 1951.
Wo warst du, Adam? und Erzählungen.

1966 Stuttgart: Deutscher Bücherbund. 479 S. 321
    Inhalt wie bei BNr. 244.

<u>Nicht nur zur Weihnachtszeit.</u>
('Erzählungen II', später: 'Satiren')
<u>1966</u> München: Deutscher Taschenbuch-Verlag. 169 S.
(dtv-Taschenbücher 350. - 1973:15.Aufl.261.-280.T)   322
I n h a l t
Der Bahnhof von Zimpren
Bekenntnis eines Hundefängers
Doktor Murkes gesammeltes Schweigen
Erinnerungen eines jungen Königs
Es wird etwas geschehen
Hauptstädtisches Journal
Hier ist Tibten
Im Lande der Rujuks
Keine Träne um Schmeck
Der Lacher
Mein Onkel Fred
Nicht nur zur Weihnachtszeit
Schicksal einer henkellosen Tasse
Unberechenbare Gäste
Die unsterbliche Theodora
Der Wegwerfer

<u>Die Spurlosen.</u> (Sammel-Band: 3 Hörspiele)
<u>1966</u> Leipzig: Insel-Verlag. 119 S.
(Insel-Bücherei 841)   323
I n h a l t
Eine Stunde Aufenthalt
Die Spurlosen
Zum Tee bei Dr. Borsig

<u>Die Erzählungen.</u>
<u>1966</u> Leipzig: Insel-Verlag. 749 S.   324
I n h a l t
Das Abenteuer
Abenteuer eines Brotbeutels
Abschied
Als der Krieg ausbrach
Als der Krieg zu Ende war
An der Angel
An der Brücke
Auch Kinder sind Zivilisten
Aufenthalt in X
Der Bahnhof von Zimpren
Bekenntnis eines Hundefängers
Die blasse Anna
Die Botschaft
Das Brot der frühen Jahre
Damals in Odessa
Daniel, der Gerechte
Doktor Murkes gesammeltes Schweigen
Eine Kiste für Kop
Entfernung von der Truppe
Erinnerungen eines jungen Königs
Die Essenholer
(Forts. nächste Seite)

Es wird etwas geschehen
Geschäft ist Geschäft
Hauptstädtisches Journal
Hier ist Tibten
Im Lande der Rujuks
Im Tal der donnernden Hufe
In der Finsternis
Keine Träne um Schmeck
Kerzen für Maria
Kumpel mit dem langen Haar
Der Lacher
Lohengrins Tod
Der Mann mit den Messern
Mein Onkel Fred
Mein teures Bein
Mein trauriges Gesicht
Nicht nur zur Weihnachtszeit
Die Postkarte
Schicksal einer henkellosen Tasse
Die schwarzen Schafe
So ein Rummel
So ward Abend und Morgen
Steh auf, steh doch auf
Der Tod der Elsa Baskoleit
Trunk in Petöcki
Über die Brücke
Unberechenbare Gäste
Undines gewaltiger Vater
Unsere gute, alte Renée
Die unsterbliche Theodora
Die Waage der Baleks
Wanderer, kommst du nach Spa ...
Der Wegwerfer
Wiedersehen in der Allee
Wiedersehen mit Drüng
Wie in schlechten Romanen
Wir Besenbinder
Der Zug war pünktlich
Der Zwerg und die Puppe

Vier Hörspiele.

    I n h a l t
Klopfzeichen
Mönch und Räuber
Die Spurlosen
Zum Tee bei Dr. Borsig

Und sagte kein einziges Wort.
    (SBd./Deutsche Auslands-Ausgabe/UdSSR)
    I n h a l t
    An der Brücke
    Die Botschaft
    Das Brot der frühen Jahre
    Doktor Murkes gesammeltes Schweigen
    Lohengrins Tod
    Und sagte kein einziges Wort
    Wanderer, kommst du nach Spa ...

Englischer Sammel-Band u.d.T.
"Eighteen stories".
EVB
    I n h a l t
    Das Abenteuer
    Daniel, der Gerechte
    Doktor Murkes gesammelte Schweigen
    Eine Kiste für Kop
    Es wird etwas geschehen
    Hauptstädtisches Journal
    Hier ist Tibten
    Im Tal der donnernden Hufe
    Der Lacher
    Mein Onkel Fred
    Die Postkarte
    Der siebte Koffer (= Warum ich kurze Prosa wie
       Jakob Maria Hermes und Heinrich Knecht schreibe)
    So ward Abend und Morgen
    Der Tod der Elsa Baskoleit
    Unberechenbare Gäste
    Die Waage der Baleks
    Der Wegwerfer
    Wie in schlechten Romanen

Französischer Sammel-Band u.d.T.
"Loin de la troupe". Satires et nouvelles.
EVB
    I n h a l t
    Als der Krieg ausbrach
    Bekenntnis eines Hundefängers
    Doktor Murkes gesammeltes Schweigen
    Entfernung von der Truppe
    Hauptstädtisches Journal
    Im Tal der donnernden Hufe
    Der Wegwerfer

slowakischer Sammel-Band u.d.T.
"Vúdolí duniacich kopýt a iné poviedky"
(Im Tal der donnernden Hufe u. a. Erz.)

EVB
1966 Bratislava: Tatran. 187 S. Ü: V.L.Matulay. . . . 329

    I n h a l t
    Ein Interview mit Studenten
    Die Erzählungen der BNr. 212

Dreizehn Jahre später. (A)

EVZ
1967 (25.3.) Abschied von Irland. In 'Frankfurter
    Allgemeine Zeitung'. 330.1

    1967 (EVB) im SBd. der BNr. 350. . . . . 330.2

Einführung in "Dienstfahrt". (A)

EVZ
1967 (März) Über die Entstehung der Erzählung. In
    'Werkhefte'. Zeitschrift für Probleme der Gesell-
    schaft und des Katholizismus. München.21.Jg.,H.3. 331.1

    1967 (EVB) im SBd. der BNr. 350. . . . . 331.2

    Ü b e r s e t z u n g e n

    Ungarisch
    1969 im SBd. der BNr. 433. . . . . 331.3

Joseph Caspar Witsch. (A)

EVZ
1967 (5.5.) Nachruf zum 28.4.67. In 'Die Zeit', Hamb. 332.1

    1968 (EVB) u.d.T. "Der Tod, der die Zeit aus-
    setzt ..." in "Joseph Caspar Witsch 1906
    bis 1967" (Sammlung von Nachrufen).
    Köln: Kiepenheuer & Witsch. 72 S. 332.2

Warum so zartfühlend? (KRB)

EVZ
1967 (15.5.) H. Böll über Carl Amery's "Fragen an
    Welt und Kirche". In 'Der Spiegel', Hamburg. . . 333.1

    1967 (EVB) im SBd. der BNr. 350. . . . . 333.2

    Ü b e r s e t z u n g e n

    Ungarisch
    1969 im SBd. der BNr. 433. . . . . 333.3

You enter Germany. (Meine Landschaft: Der Hürtgenwald)

EVZ
1967 (19.5.) in 'Die Zeit', Hamburg. 334.1

    1967 (EVB) im SBd. der BNr. 350. . . . . 334.2

1968 in "Lesebuch". Deutsche Literatur der
der sechziger Jahre.
Berlin: Wagenbach. 189 S. (1971: 81.-95.T.)   334.3

Ü b e r s e t z u n g e n

Russisch
1967 (20.1.) in 'Literaturnaja gazeta', Moskau. .   334.4
1967 (22.5.) in 'Pravda', Moskau. 334.5

Ungarisch
1969 im SBd. der BNr. 433. . . . .   334.6

Hinweis auf Josef W. Janker. (A)
EVZ
1967 (Juni) in 'Kürbiskern'. Literatur und Kritik.
München. H.2.   335

Heinrich Böll im Dialog. (IG)
EVR
1967 (6.7.) Klaus Harpprecht porträtiert Personen
unserer Zeit. Erstsendung: ZDF, Mainz. 336.1

1967 (13.7.) Wiederholung im WDR-Fernsehen, 3.Pr.   336.2

Literatur ist kein Handwerk. (IG)
EVZ
1967 (6.8.) "Wie sie sich sehen". Schriftsteller-
porträts. Geno Hartlaub sprach mit Heinrich Böll.
In 'Sonntagsblatt', Hamburg.   337

Interview von Marcel Reich-Ranicki.
EVZ
1967 (11.8.) u.d.T. "Kein Schreihals vom Dienst sein"
in 'Die Zeit', Hamburg. 338.1

1967 (EVB) im SBd. der BNr. 350. . . . .   338.2

Offene Antwort an die 329 tschechoslowakischen
Schriftsteller, Intelektuellen und Künstler.   (A)/
EVZ
1967 (15.9.) in 'Die Zeit', Hamburg. 339.1
(U.d.T. "An die tschechoslowakischen Künstler")

1973 (März) im SBd. der BNr. 528. . . . .   339.2

Nur der Schein trügt nicht. (IG)
EVZ
1967 (6.10.) Ein Gespräch über Zauberkunst von H. Böll
und Alexander Adrion. In 'Die Zeit', Hamburg. . .   340.1

1968 als Vorwort in Adrion, Alexander: "Zauberei,
Zauberei". Olten: Walter. 168 S. 340.2

eorg Büchners Gegenwärtigkeit. (RAV)

VR
967 (21.10.) Rede in Darmstadt, anläßlich der Verleihung des 'Georg-Büchner-Preises' durch die Deutsche Akademie für Sprache und Dichtung. 341.1
1967 (23.10./EVZ) in 'Süddeutsche Zeitung',München 341.2
1967 Eine Rede. Berlin: Verl. der Wolff's Bücherei. 13 S. (Druck der Friedenauer Presse)
1968: 2. Auflage. 341.3
1968 in "Jahrbuch 1967 der Deutschen Akademie für
Sprache und Dichtung".
Darmstadt: Lambert Schneider. 187 S. 341.4
1968 in "Tintenfisch 1." Jahrbuch für Literatur.
(Texte aus dem Jahre 1967)
Berlin: Wagenbach. 118 S. 341.5
1973 im SBd. der BNr. 528. . . . . 341.6

Auszüge, Bearbeitungen, Böll-Aussagen
1967 (27.10.) Auszug in 'Die Zeit', Hamburg. . . 341.7

Heinrich Böll - ein Gespräch mit dem Dichter
zu seinem 50. Geburtstag.

VR
967 (15.12.) Deutsche Welle, Köln, mit Hans Vetter. . 342.1
1967 (21.12.) u.d.T. "Gespräch mit Heinrich Böll"
in 'Kölner Stadt-Anzeiger'. 342.2

Selbstanzeige. (IG)
VR
967 (21.12.) H. Böll im Gespräch mit Werner Koch.
Sendung im WDR-Fernsehen, 3.Progr., Köln. 343.1
1968 (9.3.) u.d.T. "Ein paar Stichworte: Personen
und Situationen" in 'Kölnische Rundschau'. . 343.2
1968 (Nov.) in "Der Schriftsteller Heinrich Böll"
u.d.T. "Ein paar Stichworte: Personen und
Situationen". München: Deutscher Taschenbuch
Verlag. (dtv-Taschenbuch 530, erw. Ausgabe) 343.3
1969 (8./9.2.) u.d.T. "Auch Mißglücktes hat
Bedeutung" in 'Saarbrücker Zeitung'. 343.4
1972 u.d.T. Gespräch W.Koch mit H.Böll in "Deutsche Nobel Galerie". Percha: R.S.Schulz 343.5
Meine Muse. (G.)

EV
967 (Dez.) Erstdruck in Handschrift als Faksimile. . 344.1
1970 in "Literaturkalender 1971" (4.Jahrg.)
Berlin, Weimar: Aufbau-Verlag. 344.2
1971 (23.7.) in 'Die Zeit', Hamburg. 344.3
1972 (EVB) in "Gedichte", SBd. der BNr. 524 . . . 344.4
1972 in "Deutsche Nobel Galerie". Percha: R.S.Schulz 344.5
Ü b e r s e t z u n g e n
Englisch
1971 (April) "My Muse". Ü: Leila Vennewitz.
In 'Encounter', London. Nr.4, S.22. . . . . 344.6

<u>Die armen r. k.'s.</u> (A)

EVB
<u>1967</u> Nachwort zu Heinz Stümper's "Ärger mit der christ-
lichen Freiheit". Die Abendgottesdienste in
St. Antonius zu Münster. 2. Auflage.
Graz: Verlag Styria. 223 S. . . . . 345.
1967 im SBd. der BNr. 350. . . . . 345.

<u>Heinrich Böll 1947 - 1951.</u>
<u>Wo warst du, Adam? und Erzählungen.</u>
<u>1967</u> Zürich: Buchclub Ex Libris. 435 S. 346
Inhalt wie bei BNr. 244.

<u>Heinrich Böll 1947 - 1951</u>
<u>Wo warst du, Adam? und Erzählungen.</u>
<u>1967</u> St. Pölten: Buchklub Welt und Heimat. 479 S. . . 347
Inhalt wie bei BNr. 244.

<u>Wanderer, kommst du nach Spa ...</u> (Sammel-Band: En.)
<u>1967</u> München: Deutscher Taschenbuch Verlag. 159 S.
(dtv-Taschenbücher, 437. - Febr. 1973: 11.Aufl.,
211.-230.Tsd.) 348
Inhalt wie bei BNr. 11.

<u>Wo warst du, Adam? und Erzählungen.</u>
<u>1967</u> Köln: Middelhauve. 3 Bände: 174, 126, 196 S. . . 349
I n h a l t
Bd.1: Wo warst du, Adam? (R)
Bd.2: Der Zug war pünktlich. (E)
Bd.3: Die Erzählungen wie bei BNr. 11 und
Die schwarzen Schafe (E)

<u>Aufsätze. Kritiken. Reden.</u>
<u>1967</u> Köln: Kiepenheuer & Witsch. 510 S. (1967: 2.Aufl.) 350
(Aufsätze. Kritiken. Feuilletons. Reden.
Interviews.)
I n h a l t
A u f s ä t z e
An einen Bischof, einen General und einen
Minister des Jahrgangs 1917
Angst vor der "Gruppe 47"?
Antwort an Msgr. Erich Klausener
Die armen r. k.'s
Zvi Asaria
Assisi
Befehl und Verantwortung
Brendan Behan
Brief an einen jungen Nichtkatholiken
(Forts. nächste Seite)

(Forts. nächste Seite)

Selbstkritik
Silvester-Artikel
Vom deutschen Snob
Vom Mehrwert bearbeiteten Papiers
Was ist eine christliche Grundlage?
Weggeflogen sind sie nicht
R e d e n
Die Freiheit der Kunst
Heldengedenktag
Lämmer und Wölfe
Zweite Wuppertaler Rede
I n t e r v i e w s
Interview von Marcel Reich-Ranicki
Interview von Dr. A. Rummel

Ansichten eines Clowns. Und sagte kein einziges Wort.
1967 (2 Romane) Zürich: Schweizer Verl.Haus. 416 S.
(Neue Schweizer Bibliothek) 351

Dänischer Sammel-Band u.d.T.
"De sorte får og andre noveller fra 1947-1951"
(Die schwarzen Schafe u. a. Erzählungen von 1947-1951)
EVB
1967 Kopenhagen: Grafisk Forlag. 211 S. Ü:H.Steinthal. 352
      I n h a l t
      Die schwarzen Schafe
      Die Erzählungen wie bei BNr. 11
      (ohne "Steh auf, steh doch auf")

Englischer Sammel-Band u.d.T.
"Absent without leave and other stories"
(Entfernung von der Truppe u. a. Erzählungen)
EVB
1967 London: Weidenfeld and Nicolson. Ü: Leila
      Vennewitz. 393 S. 353
      I n h a l t
      wie bei BNr. 301 und 327

Französischer Sammel-Band u.d.T.
"Le train était à l'heure" (u.a.Erzählungen)
1967 Erw. Neuaufl. der BNr. 7.17
      Paris: Denoël. 301 S. Ü: Mathilde Camhi. 354
      I n h a l t
      Abschied
      An der Angel
      Damals in Odessa
      Die Essenholer
      Geschäft ist Geschäft
      In der Finsternis
      Kerzen für Maria
      (Forts. nächste Seite)

Kumpel mit dem langen Haar
Die schwarzen Schafe
So ein Rummel
Steh auf, steh doch auf
Trunk in Petöcki
Über die Brücke
Wiedersehen in der Allee
Der Zug war pünktlich

Niederländischer Sammel-Band u.d.T.
"Het dal der dreunende hoeven en andere verhalen"
(Im Tal der donnernden Hufe u. a. Erzählungen)
EVB
1967 Amsterdam, Brüssel: Elsevier. 159 S.
     Ü: M.Wielek-Berg, M. van der Plas en V. Stelling.   355

     I n h a l t
     Über mich selbst (A)
     E r z ä h l u n g e n
     Das Brot der frühen Jahre
     Hier ist Tibten
     Im Tal der donnernden Hufe
     So ward Abend und Morgen
     Die Waage der Baleks
     Wie in schlechten Romanen

Polnischer Sammel-Band u.d.T.
"Człowiek z nożami" (Der Mann mit den Messern)
EVB
1967 Warschau: Książka i Wiedza. 91 S. Ü: T.Jętkiewicz   356
     I n h a l t
     Doktor Murkes gesammeltes Schweigen
     Der Mann mit den Messern
     Nicht nur zur Weihnachtszeit

Türkischer Sammel-Band u.d.T.
"Cüce ile bebek" (Der Zwerg und die Puppe)
EVB
1967 Istanbul: Cem-Verlag. 151 S. Ü: Kamuran Sipal.
     (9.Heft der Serie "Klassiker des 20. Jahrhundert"
     des Cem-Verlages. 1972: Neuauflage)   357
     I n h a l t
     Gespräch mit Böll (wie BNr. 220)
     E r z ä h l u n g e n
     An der Brücke
     Bekenntnis eines Hundefängers
     Damals in Odessa
     Erinnerungen eines jungen Königs
     Es wird etwas geschehen
     Geschäft ist Geschäft
     Im Lande der Rujuks
     Der Lacher
     (Forts. nächste Seite)

Mein Onkel Fred
Mein trauriges Gesicht
Die Postkarte
Die schwarzen Schafe
So ward Abend und Morgen
Der Tod der Elsa Baskoleit
Unberechenbare Gäste
Unsere gute, alte Renée
Wie in schlechten Romanen
Der Zwerg und die Puppe

Was ist Heiligkeit? (IG)

EVR
1968 (1.1.) Gespräch mit Wilhelm Schamoni.
     In Westdeutscher Rundfunk, Köln (Kirchenfunk).
     29 Bl. (Maschinenschrift nach Sendeband
     im WDR-Archiv)   358

Für Peter Huchel. (G)

EVB
1968 in "Hommage für Peter Huchel zum (65. Geburtstag
     am) 3. April 1968". München: Piper. 117 S. . . .   359.1

     1972 in "Gedichte", SBd. der BNr. 524. . . . . .   359.2

Die Studenten sollen in Klausur gehen. (A)

EVZ
1968 (19.4.) in 'Kölner Stadt-Anzeiger'. (Lob und
     Tadel für die Studenten. Leser debattieren über
     Anti-Springer-Krawalle)   360

Radikale für Demokratie. (RAV)

EVR
1968 (11.5.) Rede bei der Kundgebung gegen die Not-
     standsgesetze im Bonner Hofgarten. 361.1

     1972 (Jan./EVZ) u.d.T. "Gegen die Notstandsge-
          setze" in 'Text und Kritik', München. H.33.   361.2
     1973 (März/EVB) im SBd. der BNr. 528 . . . . . .   361.3

     Auszüge, Bearbeitungen, Böll-Aussagen
     1968 (23.5.) Ausz. in 'Die Andere Zeitung', Hamburg   361.4

Dunkel und trickreich. (RAV)

EVR
1968 (28.5.) u.d.T. "Es geht so dunkel und trickreich
     zu". Böll-Referat bei der Veranstaltung des
     Aktionskomitees 'Demokratie im Notstand' im
     Sendesaal des Hessischen Rundfunks. 362.1
     1972 (Jan./EVZ) u.d.T. "Gegen die Notstandsge-
          setze" in 'Text und Kritik', München. H.33.   362.2
     1973 (März/EVB) im SBd. der BNr. 528. . . . . .   362.3

     Auszüge, Bearbeitungen, Böll-Aussagen
     1968 (10.6.) u.d.T. "Es geht so dunkel und trick-
          reich zu" in 'Der Spiegel', Hamburg (Ausz.)   362.4

Belonging and not Belonging. (IG)
EVZ
1968 (3.6.) (Haben und nicht haben) Susan Short interviewt H.Böll. In 'The Guardian', London. 363

Mit vierzig Mark begannen wir ein neues Leben. (A)
EVZ
1968 (17.6.) Erinnerungen an die Zeit der Geldumstel-
lung vom 20.6.1948. In 'Der Spiegel', Hamburg. . 364

Veränderung. Aber wie? (IG)
EVZ
1968 (21.6.) Gespräch von Hans Hübner mit H.Böll, Paul
Schallück und Jürgen Becker über die Frage "Wie
ist Ihr Verhalten zur Außerparlamentarischen
Opposition?" In 'Die Weltwoche', Zürich. 365

Taceat ecclesia. (A)
EVR
1968 (22.8.) Kritische Anmerkungen zur päpstlichen
Enzyklika "Humanae vitae". In Norddeutscher Rundfunk, Hamburg. (1.Programm. Sendereihe 'Deutschland in diesen Tagen'. - 5 Bl. Maschinenschrift) 366.1
   1968 (Herbst/EVZ) in "Lit." Das Literatur-
       Magazin im Verlag Kiepenheuer & Witsch,Köln. 366.2
   1968 in 'Neue deutsche Hefte', Berlin.
       H.4 (120), S. 102-105. . . . . 366.3
   1969(Jan.) u.d.T. "Permanente Verkennung des Ge-
       schlechtlichen und der Frau" in 'Die Welt
       der Frau', Baden-Baden. 366.4
   1969 (1.2.) u.d.T. "Die Verkennung des Geschlecht-
       lichen" in 'Frankfurter Rundschau', Nr. 27.   366.5
   1973 (März/EVB) im SBd. der BNr. 528. . . . . . . 366.6

Mörderisch und selbstmörderisch. (IG)
EVZ
1968 (2.9.) Spiegel-Interview mit H.Böll über Prag.
In 'Der Spiegel', Hamburg. 367

Anthony Stubbs interviewt Heinrich Böll.
1968 (2.9.) 6 Bl. (Maschinenschrift, nicht veröffent-
licht). Siehe Anthony E. Stubbs: "Martin Walser's
Fiction 1955-1966". Ph.D.Diss. Southampton, England 1970. (Mit vergleichenden Hinweisen auf Böll) 368

Ich muß unter Druck arbeiten. (IG)
EVZ
1968 (6.9.) Den Witter mit Heinrich Böll im Kölner
Grüngürtel (Spaziergänge, XX)
in 'Die Zeit', Hamburg. 369

Brief von Heinrich Böll
über seinen Aufenthalt vom 20.-24.8.1968 in Prag.

EVR
1968 (8.9.) Matinée im Stadttheater Basel: Reden
von P.Bichsel, F.Dürrenmatt, M.Frisch, G.Grass,
K.Marti und ein Brief von Heinrich Böll. 370.1

1968 in : "Tschechoslowakei 1968". Zürich:
Die Arche. 51 S. (S. 7-10. - Edition
"Arche nova") 370.2

Ändern Dichter die Welt? (IG)

EVZ
1968 (10.9.) Interview von Klaus Rainer Röhl.
In 'Konkret', Hamburg. Nr. 10. 371

Notstandsnotizen. (A)

EVZ
1968 (10.9.) Über den Bonner Sternmarsch am 11.5.1968
und die Frankfurter Kundgebung vom 28.5.1968.
In 'Konkret', Hamburg. Nr. 10. (s.a. BNr.361/62) 372.1

1969 in "Tintenfisch 2". Jahrbuch für Literatur
(Texte aus dem Jahr 1968).
Berlin: Wagenbach. 119 S. 372.2
1973 (März/EVB) im Sbd. der BNr. 528. . . . . . 372.3

Der Panzer zielte auf Kafka. (A)

EVZ
1968 (30.9.) Heinrich Böll über seine 4 Tage in Prag.
In 'Der Spiegel', Hamburg (Nr.40) 373.1

1968 (EVB) u.d.T. "Vier Tage in Prag" (20.8. bis
24.8.1968) als Vorwort zu Christian Schmidt-
Häuser und Adolf Müller: "Viva Dubček". Re-
form und Okkupation in der CSSR.
Köln: Kiepenheuer & Witsch. 190 S. 373.2
1973 (März) im SBd. der BNr. 528. . . . . 373.3

Die jungen und die alten Menschen. (IG)

EVZ
1968 (Sept./Dez.) Aus einem Interview Satish Kumars
mit Heinrich Böll. In "Gemeinschaft und Politik',
Bellnhausen über Gladenbach, Hessen. H.5/6. . . 374

Über die Gegenstände der Kunst. (RAV)

EVR
1968 (26.10.) Ansprache zur Verleihung des Literatur-
preises der Stadt Köln an Jürgen Becker. 375.1

1968 (29.10./EVZ) u.d.T. "Leben im Zustand des
Frevels" in 'Frankfurter Allgemeine Zeitung' 375.2
1968 (Okt./Dez.) u.d.T. "Über die Gegenstände der
Kunst" in 'Köln'. Vierteljahrsschrift. . . . 375.3

1969 u.d.T. "Leben im Zustand des Frevels" als
    Einzeldruck. Berlin: Hessling. 10 Doppel-S.
    (**Berliner** Handpresse, 24) 375.4
1973 (März/EVB) im SBd. der BNr. 528. . . . . . .   375.5

Ü b e r s e t z u n g e n

Russisch
1971 Auszug in 'Inostrannaja literatura', Moskau.
    Nr. 1. . . . .   375.6

Weh is' mir. (KRB)

EVZ
1968 (11.11.) H. Böll über Bernard Malamud "Der Fixer"
    in 'Der Spiegel', Hamburg. Nr. 46. . . . .   376.1
1973 (März/EVB) im SBd. der BNr. 528. . . . . .   376.2

Wie hältst du's mit der Religion? (RB)

EVR
1968 (17.11.) Gretchenfrage an H.Böll, J.W.Janker,
    M.Walser, P.Schallück und C.Amery. Manuskript:
    Reinfried Hörl. In: Sender Freies Berlin(Kirchen-
    funk) 377.1
1968 (24.11.) Norddeutscher Rundfunk, Hamburg.
    1. Deutsches Fernsehen (ARD) 377.2

Nekrolog auf ein Biafranisches Kind. (RB)

EVR
1968 (24.12.) Kommentar von H.Böll im Westdeutschen
    Rundfunk, Köln. 2.Programm.   378

Die Kunde von Bethlehem. (E)

EVB
1968 in "Die Nacht im Dezember". Texte zur Geburt des
    Herrn. Kevelaer: Butzon & Berker. 142 S.   379

Vorwort zur "Krebsstation". (A)

EVB
1968 u.d.T. "Die Suche nach einem neuen Realismus".
    In Alexander Solschenizyn "Krebsstation" (Vorwort)
    Roman in 2 Büchern. Neuwied, Berlin:
    Luchterhand 1968 bis 1969. 408 S.(S.5-9),326 S. .   380.1
1973 (März) im SBd. der BNr. 528. . . . .   380.2

Er kam als Bierfahrer. (E)

EVB
1968 in"Europa". München: Nymphenburger Verlagshand-
    lung. ("Europa" = "Die Liebschaften des Zeus"?) .   381.1
1972 im SBd. der BNr. 513. . . . .   381.2

Heinrich Böll 1947 - 1951
Wo warst du, Adam? und Erzählungen.

Inhalt wie bei BNr. 244.

Romane und Erzählungen.

I n h a l t

Und sagte kein einziges Wort
Das Brot der frühen Jahre
Irisches Tagebuch

Erzählungen:
Abenteuer eines Brotbeutels
Der Bahnhof von Zimpren
Bekenntnis eines Hundefängers
Daniel, der Gerechte
Erinnerungen eines jungen Königs
Es wird etwas geschehen
Hier ist Tibten
Im Tal der donnernden Hufe
Der Lacher
Die Postkarte
Schicksal einer henkellosen Tasse
So ward Abend und Morgen
Der Tod der Elsa Baskoleit
Die unsterbliche Theodora
Die Waage der Baleks
Der Wegwerfer
Wie in schlechten Romanen

Mein trauriges Gesicht.

(SBd./Deutsche Auslands-Ausgabe/UdSSR)

I n h a l t

Erzählungen:
Abenteuer eines Brotbeutels
Als der Krieg ausbrach
Als der Krieg zu Ende war
An der Brücke
Der Bahnhof von Zimpren
Die Botschaft
Doktor Murkes gesammeltes Schweigen
Erinnerungen eines jungen Königs
Es wird etwas geschehen
Hauptstädtisches Journal
Hier ist Tibten
(Forts. nächste Seite)

Kerzen für Maria
Der Lacher
Lohengrins Tod
Der Mann mit den Messern
Mein Onkel Fred
Mein teures Bein
Mein trauriges Gesicht
Nicht nur zur Weihnachtszeit
Die Postkarte
Die schwarzen Schafe
Steh auf, steh doch auf
Über die Brücke
Unberechenbare Gäste
Undines gewaltiger Vater
Unsere gute, alte Renée
Die unsterbliche Theodora
Die Waage der Baleks
Wanderer, kommst du nach Spa
Der Wegwerfer
Wiedersehen in der Allee
Wiedersehen mit Drüng
Wie in schlechten Romanen
Wir Besenbinder
Der Zwerg und die Puppe

Aufsätze:
Bekenntnis zur Trümmerliteratur
Das Risiko des Schreibens
Die Sprache als Hort der Freiheit
Die Stimme Wolfgang **Bor**cherts
Über mich selbst
Zur Verteidigung der Waschküchen

Bulgarischer Sammel-Band u.d.T.
"Bezsm'rtnata teodora, izbrani razkazi"
(Die unsterbliche Theodora, ausge. Novellen)

EVB
1968 Plovdiv (Philippopel): Christo G. Danov. 291 S.   ·   385
Ü: Vladimir Musakov.

I n h a l t
Abschied
An der Angel
An der Brücke
Auch Kinder sind Zivilisten
Aufenthalt in X
Der Bahnhof von Zimpren
Die Botschaft
Daniel, der Gerechte
Doktor Murkes gesammeltes Schweigen
Erinnerungen eines jungen Königs
Geschäft ist Geschäft
In der Finsternis
Keine Träne um Schmeck
Kumpel mit dem langen Haar
Der Lacher
(Forts. nächste Seite)

Lohengrins Tod
Der Mann mit den Messern
Mein Onkel Fred
Mein teures Bein
Mein trauriges Gesicht
Die Postkarte
Die schwarzen Schafe
So ein Rummel
So ward Abend und Morgen
Steh auf, steh doch auf
Unsere gute, alte Renée
Die unsterbliche Theodora
Wanderer, kommst du nach Spa ...
Wiedersehen in der Allee
Wiedersehen mit Drüng
Wie in schlechten Romanen

Niederländischer Sammel-Band u.d.T.
"Toen de vrede uitbrak en andere verhalen"
(Als der Krieg ausbrach u. a. Erzählungen)

EVB
<u>1968</u> Amsterdam, Brüssel: Elsevier. 171 S.
Ü: J. W. F. Klein- von Baumhauer. 386
    I n h a l t
    Das Abenteuer
    Als der Krieg ausbrach
    Als der Krieg zu Ende war
    Der Bahnhof von Zimpren
    Bekenntnis eines Hundefängers
    Daniel, der Gerechte
    Eine Kiste für Kop
    Erinnerungen eines jungen Königs
    Im Lande der Rujuks
    Keine Träne um Schmeck
    Die Postkarte
    Schicksal einer henkellosen Tasse
    Der Tod der Elsa Baskoleit
    Undines gewaltiger Vater
    Die unsterbliche Theodora
    Der Zwerg und die Puppe
    Kümmelbättchen, Spritzenland, Kampfkommandantur.
        (A. - s. BNr. 281.10)

Russischer Sammel-Band u.d.T.
"Cem' korotkich istorij".

EVB
<u>1968</u> Radiop'esy (Sieben Kurzgeschichten nach Hör-
    spielen. - Russisch) Übers. u. umgearbeitet
    von N. Otten und L. Cernajy.
    Moskau: Iskusstvo. 205 S. 387
    I n h a l t
    Bilanz (BNr. 111.10)
    Die Brücke von Berzcaba (BNr. 39.3)
    (Forts. nächste Seite)

Eine Stunde Aufenthalt (BNr. 112.9)
Klopfzeichen (BNr. 169.15)
Sprechanlage (BNr. 202.4)
Die Spurlosen (BNr. 110.11)
Zum Tee bei Dr. Borsig (BNr. 70.9)

Blumen für Beate Klarsfeld. (A)
EVZ
1969 (10.1.) in 'Die Zeit', Hamburg. 388

Es wird immer später. (A)
EVZ
1969 (7.2.) in 'Die Zeit', Hamburg. 389.1
(Gedanken zum Sacharow-Memorandum)
1969 (EVB) in "Antwort an Sacharow".
Zürich: Diogenes Verlag. 92 S. 389.2
1973 (März) im SBd. der BNr. 528. . . . . 389.3

Ich sehe keinen Ausweg. (IG)
EVZ
1969 (15./16.2.) Olaf Ihlau sprach mit H.Böll über die
Situation unserer Gesellschaft.
In 'Abendzeitung', München. 390

Die Studenten haben den längeren Atem. (A)
EVZ
1969 (4.3.) in 'Kölner Stadt-Anzeiger'. 391.1
1969 (22.3.) u.d.T. "Schweigend die Gesellschaft
weiterreizen" in 'Stuttgarter Zeitung'. . . 391.2

Rebellische Jugend. (IG)
EVZ
1969 (März) Ein Schüler fragt - Herr Böll antwortet.
In 'Resonanz', Schülerzeitung des Staatl. Fried-
rich-Wilhelm-Gymnasiums, Köln. H.1. 392

Kirche muß 'dritten Weg' gehen. (IG)
EVZ
1969 (April). Interview von Walter Keßler in
'Kolping Blatt', Köln. Nr.4. 393

Porträt in Selbstzeugnissen. (IG)
EVR
1969 (3.5.) H.Böll im Gespräch mit Hans Vetter im
Hessischen Rundfunk, Frankfurt. 2.Programm. . . . 394

<u>Dostojewski und Petersburg.</u> (FSB)

EVR
<u>1969</u> (15.5.) u.d.T. "Der Dichter und seine Stadt.
(7. Folge:) Feodor M. Dostojewski und Petersburg."
Fernsehfilm des Westdeutschen Rundfunks, Köln,
aufgenommen im Sommer 1968 in Leningrad.
Text von Heinrich Böll und Erich Kock. Erstsendung: Deutsches Fernsehen (ARD) 395.1

1973 (März/EVB) im SBd. der BNr. 528. . . . . . . 395.2

<u>Veränderung in Staech.</u> (E)

EVR
<u>1969</u> (26.5.) Eine satirische Erzählung. Erstsendung:
Südwestfunk: Baden-Baden. 1.Programm. 396.1

1972 (EVB) im SBd. der BNr. 513. . . . . 396.2

Ü b e r s e t z u n g e n

Englisch
1971 (Mai) "The Staech Affair". Ü: Leila Vennewitz. In 'Encounter', London. Nr. 5. . . . 396.3

<u>Die verhaftete Welt.</u> (KRB)

EVZ
<u>1969</u> (Mai) u.d.T. "Die verhaftete Welt in Solschenizyns
"Erstem Kreis der Hölle". In 'Merkur', Stuttgart.
H.253 (=H.5). S.474-483. . . . . 397.1

1973 (März/EVB) im SBd. der BNr. 528. . . . . . 397.2

Auszüge, Bearbeitungen, Böll-Aussagen

1970 (5.12.) Auszug u.d.T. "Im Laboratorium der
Hölle". In 'Westdeutsche Allgemeine Zeitung'
Essen. 397.3

<u>Ende der Bescheidenheit.</u> (RAV)

EVR
<u>1969</u> (8.6.) Rede aus Anlaß der Gründungsversammlung
des Verbandes deutscher Schriftsteller im Kölner
Gürzenich. Sendung: Westdeutscher Rundfunk, Köln.
3.Programm. 398.1

1969 (15. Juli/EVZ) in 'Der Literat', Frankfurt.
Nr.7, S.109-112. . . . . 398.2
1969 in "Ende der Bescheidenheit". Texte der
Gründungsversammlung des Verb. deutscher
Schriftsteller am 8.6.1969.
München: Verb. deutscher Schriftsteller. 30 S. 398.3
1969 als Nachwort in "Lesebuch 1." Der Einbruch
eines Holzfällers in eine friedliche Familie.
Beispiele junger deutscher Literatur.
Gütersloh: C. Bertelsmann. 367 S. 398.4
1973 (März) im SBd. der BNr. 528. . . . . 398.5

Auszüge, Bearbeitungen, Böll-Aussagen

1969 (9.6.) Auszug u.d.T. "Tun wir den Lorbeer
in die Suppe". H.Böll über Schriftsteller,
Honorare und Steuern. In 'Der Spiegel', Hbg.   398.6

Ü b e r s e t z u n g e n

Russisch
1969 Auszug in "Za rubezhom / Abroad", Moskau.
Nr. 31, S. 30-31. . . . .   398.7

Glauben Sie, Herr Böll ...? (IG)

EVR
1969 (21.7.) Ein Interview am Tag der Mondlandung
(Apollo 11) von Dr. D. Kronzucker im Westdeutschen Fernsehen, Köln. 399.1

1969 (Herbst/EVZ) in "Lit." Das Literatur-
Magazin im Verl. Kiepenheuer & Witsch, Köln.   399.2

An eine deutsche Frau. (A)

EVB
1969 in "Offene Briefe an die Deutschen".
Wien, München: Molden-Verl. 163 S. 400.1

Auszüge, Bearbeitungen, Böll-Aussagen

1969.(25.7.) Auszug u.d.T. "Offener Brief an eine
deutsche Frau. In 'Die Zeit', Hamburg. . .   400.2

Heinrich Böll zum Fall Defregger. (RB)

EVR
1969 (11.8.) in Norddeutscher Rundfunk, Hamburg.
Fernsehsendung 'Panorama'.   401

Briefwechsel (zum Fall Defregger)

EVZ
1969 (23./24.8.) Briefw. zwischen Pfarrer Heinrich Kur-
scheid (Aufforderung zum Schuldbekenntnis) und
H.Böll (Die Kirche nicht um Absolution gebeten)
als Auszug in 'Kölner Stadt-Anzeiger'.   402

Literatur und Religion. (IG)

EVR
1969 (27.8.) Interview Johannes Poethen/H.Böll.
Süddeutscher Rundfunk, Stuttgart. 403.1

1970 (EVZ) in "Almanach 4 für Literatur und Theo-
logie". Wuppertal: P.Hammer. 211 S. 403.2

Chancen der Begegnung zwischen
jüdischen und nichtjüdischen Schriftstellern. (IG)
EVZ
1969 (August) Ein Gespräch von Pater Eckert mit H.Böll.
In "Emuna". Blätter für christlich-jüdische Zusammenarbeit, Frankfurt. Jg.4, H.4. 404

Aussatz. (H)
EVZ
1969 (Herbst) Vorabdruck in "Theater heute".
Velber: Friedrich. Sonderheft. (S.68-80) 405.1
1969 (EVB) im SBd. der BNr. 427. . . . . 405.2
1970 (6.5.) Erstsendung: Westdeutscher Rundfunk,
Köln. 1. Hörfunkprogramm. 405.3
1970 (17.12.) Wiederholung im Westdeutschen Rundfunk, 3. Programm. - Anschließend Rundfunk-
diskussion mit H.Böll (s.BNr. 405.6) 405.4

Auzüge, Bearbeitungen, Böll-Aussagen

1969 (Herbst) "Gespräch mit H.Böll über sein
neues Stück 'Aussatz'". Gesprächspartner:
H. Rischbieter. In "Theater heute".
Velber: Friedrich. Sonderheft. (S.65-68. -
Nachfolgend Vorabdruck der BNr. 405.1) . . . 405.5
1970 (17.12.) "'Aussatz'-Diskussion mit dem Autor
über sein Werk". In: Westdeutscher Rundfunk,
3. Programm. Leitung: Dr. Leo Waltermann . . 405.6
1970 (7.10.) N e u f a s s u n g s.BNr. 449. . 405.7
1972 V.Szene in "Deutsche Nobel Galerie".Percha: 405.8
Ü b e r s e t z u n g e n R.S.Schulz

Niederländisch
1971 "Melaatsheid". Ü: J.Meerman. (1. Fassung)
Bilthoven: Ambo. 70 S. (Amboboeken). 405.9

Gespräch mit H. Böll über sein neues Stück "Aussatz".
EVZ
1969 (Herbst) H. Rischbieter spricht mit H. Böll.
Siehe BNr. 405.5. 406

Ansichten eines Autors. (FSB)
EVR
1969 (11.9.) Menschen, Dinge und Verhältnisse im Blick-
feld von Heinrich Böll. Eine Selbstdarstellung.
Fernsehfilm des Senders Freies Berlin. Drehbuch:
Joachim Burkhardt. Sendung: ARD 407

Politiker sind Romantiker. (IG)
EVZ
1969 (27./28.9.) Kristina Bonilla sprach mit H. Böll.
In 'Sonntags-Journal, Zürich. Nr. 39. . . . . . 408.1
1971 u.d.T. "Auskünfte" in "Motive". Tübingen:
Erdmann. 391 S. (S.10,45-50, 369) 408.2

Hausfriedensbruch. (H)

EVR
1969 (1.10.) Erstsendung des Hörspieles im Norddeutschen Rundfunk (1.Progr.), Westdeutschen Rundfunk
(2.Progr.) Saarländischen Rundfunk (2.Progr.) . . 409.1
1969 (EVB) im SBd. der BNr. 427. . . . . 409.2

Heinrich Böll antwortet. (IG)

EVZ
1969 (3.10.) Hans Erich Völker sprach mit H.Böll.
In 'Deutsche Volkszeitung', Düsseldorf. 410

Redakteure austauschen. (IG)

EVZ
1969 (29.10.)Hans Kirchmann sprach mit H.Böll.
In 'Kölner Stadt-Anzeiger' (Jubiläums-Ausgabe) . . 411

Heinrich Böll im Gespräch.

EVZ
1969 (Okt.) Interview mit Dieter-Olaf Schmalstieg.
In 'Internationale Dialogzeitschrift', Freiburg. Nr. 4 (Zur Thematik "christl. Literatur"). 412

Kritiklos untertan. (A)

EVZ
1969 (Okt.) Bis zu mir reichende Wirkungen. Heinrich
Böll, Horst Bienek u. a. schreiben über H. Mann.
In 'Akzente', München. Jg.16, H.5. S.403-407. . . 413

Wilde Poesie der Flüche. (KRB)

EVZ
1969 (24.11.) H. Böll über Sean O'Casey "Autobiographie". In 'Der Spiegel', Hamburg. Nr.48. . . . 414.1

1970 (Weihnachten) "Die wilde Poesie der Flüche".
H. Böll über das streitbare Leben und Werk
des irischen Dichters und Revolutionärs Sean
O'Casey. In 'Kölner Stadt-Anzeiger', Nr.299. 414.2
1970 (EVB) als Vorwort in Sean O'Casey "Auswahl
aus den Stücken, der Autobiographie, den Erzählungen und Essays." Ü: Urs Widmer.
Zürich: Diogenes Verlag. 380 S. 414.3
1973 (März) im SBd. der BNr. 528. . . . . 414.4

Untergrund im Widerstand. (KRB)

EVZ
1969 (29.11.) H. Böll zu Ernst Kreuders neuen Roman
"Hörensagen". In
'Westdeutsche Allgemeine Zeitung', Essen. . . . 415

Gespräch mit Heinrich Böll über Weihnachten.

EVR
1969 (23.12.) Gesprächspartner: Johannes Poethen.
In Süddeutscher Rundfunk, Stuttgart.
Kirchenfunk. 18 Bl. Funkmanuskript. 416

Ein Satz aus der Geschichte: Der Ort war zufällig. (A)

EVR
1969 (27.12.) u.d.T. "Neunzehnhundertsechsundsechzig.
Satz aus einer Geschichte" (Rückkehr in ein
lothringisches Städtchen). Rückblick auf die
sechziger Jahre mit Beiträgen von H.Böll u.a.
In Südwestfunk, Baden-Baden. 2.Progr. 417.1
1970 u.d.T. "Neunzehnhundertsechsundsechzig. Satz
aus einer Geschichte - der Ort war zufällig"
in "Elf Autoren über ein Jahrzehnt".
Berlin: Literarisches Colloquium. 77 S. . . 417.2
1973 im SBd. der BNr. 528. . . . . 417.3

Was ist angemessen? (RB)

EVR
1969 (31.12.) Kommentar. In Südwestfunk, Baden-Baden. 418.1
1971 (6.3./EVZ) u.d.T. "Traktat über das Angemessene" in 'Stuttgarter Zeitung'. Nr. 54. . 418.2
1972 (Jan.) u.d.T. "Über das Angemessene" in
'Text + Kritik', München. H.33. . . . . . . 418.3
1972 (Nov.) in Werner Höfer "Deutsche Nobel-
Galerie" (Von Theodor Mommsen bis Heinrich
Böll). Percha/Kempfenhausen am Starnberger
See: Verlag R.S.Schulz. 393 S. (S.93-98) . . 418.4
1973 (März) im SBd. der BNr. 528. . . . . 418.5

Ohne Leine. (IG)

EVZ
1969 (Dez.) in 'Neutralität'. Kritische Schweizer
Zeitschrift für Politik und Kultur, Bern.
Jg.7, Nr.12. (Gespräch der Redaktion mit H. Böll
über Kirche und Politik) . . . . / . 419

Zuschreibung. (A)

EVB
1969 Nachwort in Gerd Hoffmann's "Chirugame".
Stierstadt i. Taunus: Verl. Eremiten-Presse.
43 Doppel-S. (S.41-43) 420

Deutsche Meisterschaft. (A)

EVB
1969 In "Zensuren nach 20 Jahren Bundesrepublik".
Köln: Verlag Wissenschaft und Politik. 184 S. . . 421.1
1972 (Jan.) in 'Text + Kritik', München. H.33 421.2
1973 (März) im SBd. der BNr. 528. . . . . 421.3

Heinrich Böll an die Mitglieder des
"Politischen Nachtgebets".   (A)

Geschichten aus zwölf Jahren. (Sammel-Band)

  I n h a l t
  Abenteuer eines Brotbeutels
  Als der Krieg ausbrach
  Als der Krieg zu Ende war
  Der Bahnhof von Zimpren
  Erinnerungen eines jungen Königs
  Keine Träne um Schmeck
  Nicht nur zur Weihnachtszeit
  Die Postkarte
  Unberechenbare Gäste
  Die Waage der Baleks
  Der Wegwerfer

Niederländischer Sammel-Band u.d.T.
"De man met de messen en andere verhalen".

EVB
  I n h a l t
  Die schwarzen Schafe und
  die Erzählungen der BNr. 11
  o h n e   Kerzen für Maria
          Mein teures Bein
          Mein trauriges Gesicht

Serbckroatischer Sammel-Band u.d.T.
"Dalje od trupe" (Entfernung von der Truppe).

EVB
  I n h a l t
  Entfernung von der Truppe
  Lohengrins Tod
  Der Mann mit den Messern
  Unsere gute, alte Renée
  Wanderer, kommst du nach Spa ...

Ukrainischer Sammel-Band u.d.T.
"Bila Vorona ta insi noveli" (Die schwarzen Schafe u.a.N.)

EVB
  I n h a l t
  Abenteuer eines Brotbeutels
  An der Angel
  Das Brot der frühen Jahre
  Die Botschaft
  Daniel, der Gerechte
  Doktor Murkes gesammeltes Schweigen
  Eine Kiste für Kop
  Hier ist Tibten
  Der Lacher
  Lohengrins Tod
  Der Mann mit den Messern
  Mein Onkel Fred
  Die Postkarte
  Die schwarzen Schafe
  Der Tod der Elsa Baskoleit
  Die unsterbliche Theodora

Die Waage der Baleks
Wanderer, kommst du nach Spa ...
Wie in schlechten Romanen

Ungarischer Sammel-Band u.d.T.
"Mifelénk" (Hierzulande)

I n h a l t

(Aufsätze, Kritiken, Feuilletons, Reden,
Interviews)

An einen Bischof, einen General und einen
    Minister des Jahrgangs 1917
Anekdote zur Senkung der Arbeitsmoral
Bekenntnis zur Trümmerliteratur
Brendan Behan
Brief an einen jungen Katholiken
Brief an einen jungen Nichtkatholiken
Einführung in "Dienstfahrt"
Ein Interview mit Studenten
Die Freiheit der Kunst
Großeltern gesucht
Heimat und keine
Heldengedenktag
Hierzulande
Mutter Ey
Raderberg, Raderthal
Selbstkritik
Stadt der alten Gesichter
Stichworte
Über Balzac
Über mich selbst
Vom deutschen Snob
Vom Mehrwert bearbeiteten Papiers
Das wahre Wie, das wahre Was
Warum so zartfühlend
Was ist kölnisch?
You enter Germany
Der Zeitungsverkäufer
Zweite Wuppertaler Rede

Böll geißelte Athens Folter. (RAV)

.eiden, Zorn und Ruhe. (KRB)

VZ
970 (30.3.) H. Böll über Alexander Solschenizyn "Im
   Interesse der Sache". In 'Der Spiegel', Hamburg.   441.1
   1973 (März/EVB) im SBd. der BNr. 528.   . . . . .   441.2

ngel. (G)

VZ
970 (Frühjahr) u.d.T. "Engel - wenn Du ihn suchst .."
   (Erstmals 1965 unter einem Pseudonym veröffentl.)   442.1
   1971 (23.7.) in 'Die Zeit', Hamburg. Nr. 30. . .   442.2
   1972 in "Gedichte", SBd. der BNr. 524.   . . . . .   442.3

:reuzfeuer Heinrich Böll. (IG)

:VR
.970 (20.4.) Interview von Rudolf Rohlinger und
   C.H.Casdorff mit H. Böll im WDR, Fernseh Magazin-
   Sendung 'Monitor'. 443.1

   Auszüge, Bearbeitungen, Böll-Aussagen

   1970 (Juli) Auszug in "Verkannt - Verfemt -
   Geduldet". Minderheiten in unserer Gesellschaft. Schriftenreihe der Kölnischen Gesellschaft für Christlich-Jüdische Zusammenarbeit. Heft 14. (S.15/16) 443.2

3rief an die Freiburger Polizeischüler.

:V
1970 (27.4.) 444.1
   1970 (6.5.) in 'Die Zeit', Hamburg (Walter Pfuhl:
   Heinrich Böll bekommt einen Brief von der
   Polizei) 444.2

Heinrich Böll door Jaap de Berg. (IG)

EVZ
1970 (29.4.) Ein Interview, niederländisch.
   In 'Trouw', Amsterdam (S.8-9).   445

Die Moskauer Schuhputzer. (A)

EVB
1970 (Juli) in "Engel der Geschichte" XIV.
   (Ernst Bloch zum 85. Geburtstag am 8.7.70)
   Hamburg, Düsseldorf: Claassen. 30 gez. S. 446.1
   1973 (März) im SBd. der BNr. 528. . . . .   446.2

Böll's (Eröffnungs-) Rede
zum PEN-Treffen in Arnheim.
EVR

"Aussatz"-Uraufführung (Neufassung)
EVZ

Aussatz. Schauspiel (Neufassung, - S.a. BNr. 405)
EV

Heinrich Böll über Solschenizyn. (IG)
EVR

Böll zur Verleihung des Nobelpreises
an Alexander Solschenizyn.   (A)
EVZ
Für die Befreiung der Menschen. (IG)
EVZ

Was ist Heimat? (IG)

EVR
1970 (29.12.) Im "Abendstudio" diskutierten unter
Leitung von A. Mitscherlich u. a. H. Böll.
In Hessischer Rundfunk, Frankfurt. 2.Progr. . . . 460

Abschied von Onkel Tom. (A)

EVB
1970 Vorwort zu Anne Moody "Erwachen in Mississippi"
(Coming of age in Mississippi). Eine Autobiographie. Aus dem Amerikanischen von Annemarie Böll.
Frankfurt: S. Fischer. X, 378 S. 461

Annäherungsversuch. (A)

EVB
1970 Nachwort zu Leo N. Tolstoi "Krieg und Frieden".
Ü: Werner Bergengruen. 2 Bde.
München: List. 1581 S. (S.1563-1581) 462.1
1973 (März) im SBd. der BNr. 528. . . . . 462.2
Auszüge, Barbeitungen, Böll-Aussagen

1970 (14.8.) u.d.T. "Die Lehre aus Krieg und
Frieden". Tolstois Roman und das deutsch-
russische Verhältnis. (Vorabdruck aus den
Seiten 1563-1575 des Nachwortes).
In 'Die Zeit', Hamburg. Nr. 33. . . . . 462.3
1970 (14.8.) u.d.T. "Die Stunde Dostojewskis".
H. Böll untersucht die russische Exportlite-
ratur von Puschkin bis Solschenizyn. (Vorab-
druck aus den Seiten 1575-1581 des Nachw.)
In 'Die Weltwoche', Zürich. Nr. 33. . . . . 462.4

... das Schuhhaus Joseph in der Schildergasse ... (A)

EVB
1970 Vorrede zur Neuausgabe von Artur Joseph "Meines
Vaters Haus" (Erstausgabe bei Cotta, Stuttgart:
1959. Besprechung durch H.Böll s.BNr.182).
Köln: Kiepenheuer & Witsch. 143 S. (S.5-7) . . . 463

Wer Augen hat zu sehen, sehe! (A)

EVB
1970 Vorwort zu "UdSSR - Der Sowjetstaat und seine
Menschen". Stuttgart: Belser. XII, 308 S.
S. V-IX. 1971: 2. Auflage. 464.1
1973 (März) im SBd. der BNr. 528. . . . . 464.2

Über Günter Eichs "Maulwürfe". (KRB)

EVB
1970 u.d.T. "Flinke, zersetzende, schwer begreifliche,
prosaische Maulwürfe" in "Über Günter Eich."
Frankfurt: Suhrkamp. 157 S. (Edition Suhrk.,402) 465.1
1973 (März) im SBd. der BNr. 528. . . . . 465.2

Doktor Murkes gesammeltes Schweigen und andere Satiren.
1970 Berlin, Darmstadt: Deutsche Friedrich-Schiller-
Stiftung e. V. (Bücher im Großdruck). 466
Inhalt wie bei BNr. 135.

Fünf Erzählungen. (Sammel-Band)
1970 Freiburg i.Br.: Hyperion-Verlag. 163 S.
(Hyperion-Bücherei) 467
Inhalt wie bei BNr. 77.

Franz Kafka, Bertolt Brecht, Heinrich Böll: Erzählungen
(SBd./Deutsche Auslands-Ausgabe/USA)
1970 New York: W. W. Norton & Comp. Inc. (S. 145-189)   468
I n h a l t
Abenteuer eines Brotbeutels
An der Brücke
Auch Kinder sind Zivilisten
Die Botschaft
Erinnerungen eines jungen Königs
Mein teures Bein

Englischer Sammel-Band u.d.T.
"Adam and the Train"
1970 New York: McGraw-Hill. Ü: Leila Vennewitz. . . . 469
I n h a l t
Wo warst du, Adam?
Der Zug war pünktlich

Englischer Sammel-Band u.d.T.
"Children are civilians too"
1970 New York: McGraw-Hill. Ü: Leila Vennewitz. . . . 470
I n h a l t
Die Erzählungen der BNr. 11 und
Die schwarzen Schafe

Norwegischer Sammel-Band u.d.T.
"Slutten på en tjenestereise og andre fortellinger"
(Ende einer Dienstfahrt und andere Erzählungen)
1970 Oslo: Gyldendal. 368 S. Ü: Morten Ringard. . . . 471
I n h a l t
Als der Krieg ausbrach
Als der Krieg zu Ende war
Anekdote zur Senkung der Arbeitsmoral
Die Botschaft
Damals in Odessa
Doktor Murkes gesammeltes Schweigen
Eine Kiste für Kop
(Forts. nächste Seite)

Ende einer Dienstfahrt
Es wird etwas geschehen
Geschäft ist Geschäft
Im Tal der donnernden Hufe
In der Finsternis
Die Kirche im Dorf
Der Lacher
Der Mann mit den Messern
Undines gewaltiger Vater
Unsere gute, alte Renée
Die unsterbliche Theodora
Die Waage der Baleks
Wie in schlechten Romanen

Portugiesischer Sammel-Band u.d.T.
"Crianças também são civis? E outros contos."
(Auch Kinder sind Zivilisten u. a. Erzählungen)

    I n h a l t
Abschied
An der Angel
An der Brücke
Auch Kinder sind Zivilisten
Aufenthalt in X
Die Botschaft
Damals in Odessa
Die Essenholer
Geschäft ist Geschäft
In der Finsternis
Kerzen für Maria
Kumpel mit dem langen Haar
Lohengrins Tod
Der Mann mit den Messern
Mein teures Bein
Mein trauriges Gesicht
Die schwarzen Schafe
So ein Rummel
Steh auf, steh doch auf
Trunk in Petöcki
Über die Brücke
Unsere gute, alte Renée
Wanderer, kommst du nach Spa ...
Wiedersehen in der Allee
Wiedersehen mit Drüng
Wir Besenbinder

Ungarischer Sammel-Band u.d.T.
"Korai évek kenyere. Három kisregény" (Ü: E. Beck)
(Das Brot der frühen Jahre. Drei kleine Romane)
"És szájat nem nyitotta szóra" (Ü: E. Gergely)
(Und sagte kein einziges Wort)
"El a csapattól" (Ü: Ottó Jávor)
(Entfernung von der Truppe)

Überholtes Pathos. (IG)

EVZ
1971 (2./3.1.) Hans Vetter sprach mit H. Böll.
In 'Kölner Stadt-Anzeiger'. Nr. 1. . . . . 474.1

1971 (11.4.) u.d.T. "Sind moralische Appelle
alles, was Schriftsteller tun können?"
Sendung: Deutsche Welle, Köln anläßlich der
Jahrestagung 1971 des PEN-Zentrums der BRD
in Nürnberg vom 15.-17.4.1971. . . . . . . 474.2

Epilog zu Stifters 'Nachsommer'. (E)

EVZ
1971 (6./7.3.) Heinrich Drendorf erzählt weiteres
aus seinem Leben. In 'Süddeutsche Zeitung',
München. Nr. 56. . . . . 475.1

1971 (EVB) in "Leporello fällt aus der Rolle".
Zeitgenössische Autoren erzählen das Leben
von Figuren der Weltliteratur weiter.
Frankfurt: S. Fischer. 239 S. 475.2
1972 im SBd. der BNr. 513. . . . . 475.3

Aufforderung zum "Oho"-Sagen. (G)

EVZ
1971 (24.3.) in 'Frankfurter Allgemeine Zeitung'. Nr.70 476.1

1972 in "Gedichte", SBd. der BNr. 524. . . . . . 476.2

Ü b e r s e t z u n g e n

Ungarisch
1971 "Felhívás hohózásra". Ü: István Eörsi.
In 'Nagyvilág', Budapest. 16.Jg., Nr.6.
S. 841-842. . . . . 476.3

Die Heuchelei der Befreier. (RAV)

EVR
1971 (16.4.) Vortrag zur Pornographie-Diskussion auf
der Nürnberger Tagung des PEN-Zentrums der BRD
vom 15.-17.4.1971. . . . . 477.1

1971 (24./25.4./EVZ) in 'Süddeutsche Zeitung',
München. Nr. 98. . . . . 477.2
1973 (März/EVB) im SBd. der BNr. 528. . . . . . 477.3

Reist Heinrich Böll für Deutschland? (IG)

EVZ
1971 (26.4.) Ein Gespräch von Wolfgang Ignée mit Böll
über seine Auslandskontakte. In 'Stuttgarter Zeitung' (Kulturpolitik im Meinungsaustausch) . . . 478

Und das Licht leuchtet in der Finsternis. (T)

1971 (12.5.) Tolstois Drama, übers.v.A.Scholz, bear-
beitet von H.Böll. Erstauff.: Schauspielh. Köln. 479

Rajnai szavak a szabadságról. (IG)
(Rheinische Worte über die Freiheit)
EVZ
__1971__ (29.5.) Interview von Ambrus Bor mit H. Böll
in Budapest im Anschluß an die PEN-Konferenz in
Portorosz. In: Élet és Irodalom', Budapest.
Jg.15, Nr.22, S.6.   480

Bericht zur Lage der Nation. (KRB)
EVZ
__1971__ (26./27.6.) Über Hildegard Baumgart's Sammelband
"Briefe aus einem anderen Land - Briefe aus der
DDR" (Hamburg: Hoffmann u. Campe. 1971. 331 S.)
in 'Süddeutsche Zeitung', München. Nr. 152. . . 481.1
1971 (28.6.) u.d.T. "Heinrich Böll über "Briefe
aus der DDR" in der Fernsehsendung des
Hessischen Rundfunks 'Titel, Thesen, Temperamente'. 481.2
1973 (März/EVB) im SBd. der BNr. 528. . . . . . . 481.3

Gruppenbild mit Dame. (R)
EVB
__1971__ (Juni) Köln: Kiepenheuer & Witsch. 400 S.
Jan. 1973: 215.-239. Tsd. 482.1

Auszüge, Bearbeitungen, Böll-Aussagen

1971 (22.7.) Böll-Aussage bei BNr. 484. . . . . . 482.2
1971 (24.7.) "   "   "   " 485. . . . . . 482.3
1971 (28.7.) "   "   "   " 486. . . . . . 482.4
1971 (6.8.) "   "   "   " 487. . . . . . 482.5
1971 (13.8.) "   "   "   " 488. . . . . . 482.6
1971 (Aug.) "   "   "   " 489. . . . . . 482.7

1971 (Sept.) Heinrich Böll liest aus seinem Roman
"Gruppenbild mit Dame" über das Beharren des
Verfassers auf seiner alten Jacke.
Köln: Kiepenheuer & Witsch. Sprechplatte.
(Tonproduktion Meier-Maletz) BEP 00848. . .   482.8
1972 Ders.Ausz. in "Deutsche Nobel Galerie".Percha: 482.9
Ü b e r s e t z u n g e n   R.S.Schulz

Dänisch
1972 "Gruppebillede med dame". Ü: L.G.Berthelsen. 482.10
Kopenhagen: Gyldendal. 353 S. . . . .

Englisch
1973 "Group Portrait with Lady". Ü: L. Vennewitz.
London: Secker & Warburg. 7, 406 S. 482.11
1973 Dasselbe.
New York: McGraw-Hill. 405 S. 482.12

Finnisch
1972 "Nainen ryhmäkuvassa." Ü: Kai Kaila.
Helsinki: Otava. 392 S. 482.13

Französisch
1973 "Portrait de groupe avec dame".
Ü: S. u. G. de Laléne.
Paris: Editions du Seuil. 361 S. 482.14

Griechisch
1972 "ΟΜΑΔΙΚΟ ΠΟΡΤΡΑΙΤΟ ΜΕ ΜΙΑ ΚΥΡΙΑ". Ü: ...
Athen: Verlag Iniochus & Delphi. 412 S. . .   482.15

Hebräisch
1973 (i.V.)
Tel Aviv: Verlag Machabardt Leszfrut. . . .   482.16

Italienisch
1972 "Foto di Grupo con Signora". Ü: A.Chiusano.
Turin: Giulio Einaudi. 358 S. 482.17

Japanisch
1973 (i.V.)
Tokio: Hayakawa Shobo & Co., Ltd. 482.18

Niederländisch
1972 "Groepsfoto met dame". Ü: M. Ferguson.
Amsterdam, Brüssel: Elsevier. 364 S. 482.19

Norwegisch
1972 "Gruppebilde med dame". Ü: U. B. Kielland.
Oslo: Gyldendal Norsk Forlag. 348 S. 482.20

Portugiesisch
1973 "Retrato de Grupo com Senhora".
Ü: Maria Adélia Silva Melo.
Lissabon: Publicaçoes Don Quixote. 389 S. .   482.21
1973 (i.V.)
Rio de Janeiro: Editora Artenova, S.A. . . .   482.22

Schwedisch
1972 "Grupporträtt med dam". Ü: Eva Liljegren.
Stockholm: Bonniers. 305 S. 482.23

Slowenisch
1973 (i.V.)
Ljubljana: Mladinska Knjiga 482.24

Spanisch
1972 "Retrato de grupo con senora". Ü: J.Munoz.
Barcelona: Editorial Noguer, S. A. 340 S. .   482.25

Türkisch
1973 (i.V.)
Istanbul: Verlag E. Yayinlari. 482.26

Ungarisch
1973 (i.V.)
Budapest: Verlag Könyukiado Magvetö. . . .   482.27

Unpassender aus der Lagernation. (KRB)

EVZ
1971 (12.7.) H. Böll über Josef W. Janker "Der Umschu-
ler". In 'Der Spiegel', Hamburg. Nr.29. . . . . . .   483.1
1973 (März/EVB) im SBd. der BNr. 528. . . . . .   483.2

<u>Lieblingsthema Liebe.</u> (IG über "GmD")
EVZ
<u>1971</u> (22.7.) Interview von Mathias Schreiber mit Böll
    über "Gruppenbild mit Dame".
    In 'Kölner Stadt-Anzeiger' Nr. 167. . . . . . . 484.1
    (23./24.7.) in 'Nürnberger Nachrichten'. 484.2
    (29.8.) in 'Frankfurter Neue Presse am Sonntag'. 484.3

<u>Wir sind alle angepaßt.</u> (IG über "GmD")
EVR
<u>1971</u> (24.7.) Interview von Peter Kliemann mit H. Böll
    über "Gruppenbild mit Dame".
    In Deutschlandfunk, Köln (Das Feuilleton). . . . 485

<u>Manche Sachbücher sind erfundener als manche Romane.</u>
EVZ   (IG über "GmD")
<u>1971</u> (28.7.) Interview von Peter W. Jansen mit H. Böll
    über "Gruppenbild mit Dame" und nächste Projekte.
    In 'Frankfurter Rundschau' Nr. 171. 486

<u>Für Sachkunde und Phantasie.</u> (IG über "GmD")
EVZ
<u>1971</u> (6.8.) Interview von Dieter E. Zimmer mit H. Böll
    über "Gruppenbild mit Dame".
    In 'Die Zeit', Hamburg, Nr. 32. 487

<u>Meine Heldin soll kein Image haben.</u> (IG über "GmD")
EVZ
<u>1971</u> (13.8.) Interview von Gerd Courts mit H. Böll
    über "Gruppenbild mit Dame".
    In 'Publik', Frankfurt, Nr. 33. 488

<u>Heinrich Böll / Dieter Wellershoff: Gruppenbild mit Dame</u>
EVZ
<u>1971</u> (August) Abdruck eines am 11.6.71 aufgenommenen
    Tonband-Interviews in 'Akzente', München, H.6. . 489.1

    1971 (Okt.) u.d.T. "Gespräche über den Roman
        'Gruppenbild mit Dame'". In "Lit", Litera-
        turmagazin im Verl. Kiepenheuer & Witsch,
        Köln, H. 6 (mit Ausz. aus den ersten Presse-
        stimmen) 489.2

<u>Heinrich Böll im Gespräch mit Ekkehart Rudolph.</u>
EVR
<u>1971</u> (22.8.) in Süddeutscher Rundfunk, Stuttgart,
    2.Progr. i.d.Sendereihe "Autoren im Studio". . . 490.1

    1971 (EVB) u.d.T. "Heinrich Böll" in "Protokoll
        zur Person". Autoren über sich und ihr Werk.
        München: List. 157 S. 490.2

Neuer Präsident des Internationalen PEN: Heinrich Böll.
EVZ
1971 (14.9.) Ein Kurz-Interview von cf (= Christian
Ferber) mit H. Böll in 'Die Welt', Hbg., Nr.213.   491

Die internationale Nation. (RAV)
EVR
1971 (28.9.) Rede auf dem PEN-Kongreß in Dublin.
1971 (29.9./EVZ) in 'Frankfurter Allgemeine
Zeitung', Nr. 225 (im Auszug).   492

Heinrich Böll im Gespräch mit Heinz Ludwig Arnold.
EVR
1971 (2.10.) Norddeutscher Rundfunk, Hannover, 3. Programm: Auszug eines am 20.7.1971 in Köln geführ-
ten Gespräches. 493.1
1971 "Im Gespräch: Heinrich Böll mit Heinz Ludwig
Arnold". Mit 8 Fotos von Renate Osterhelt,
aufgenommen während des Gespräches.
München: Boorberg. 65 S. (Edit.Text+Kritik)   493.2

Die Internationale der Nestbeschmutzer. (Br.)
EVR
1971 (17.12.) Offener Brief an Robert Neumann in
'Die Zeit', Hamburg, Nr. 51.   494

Sprache der kirchlichen Würdenträger. (RB)
EVR
1971 (29.12.) in Westdeutscher Rundfunk, Köln,
3. Fernsehprogramm. 20 Bl. Funk-MS.   495

Billard um halbzehn.
Ansichten eines Clowns.
Ende einer Dienstfahrt. (Sammel-Band)
1971 Köln: Kiepenheuer & Witsch. 518 S.   496
(Lizenzausgaben bei Gütersloh: Bertelsmann Lese-
ring, Stuttgart: Europäische Buchgemeinschaft,
Wien: Buchgemeinschaft Donauland, Darmstadt:
Deutsche Buch-Gemeinschaft.)

Meistererzählungen. (Sammel-Band)
1971 Gütersloh: Bertelsmann.   497
Stuttgart: Europäische Bildungsgemeinschaft . . .   498
Wien: Buchgemeinschaft Donauland   499
Darmstadt: Deutsche Buch-Gemeinschaft   500
I n h a l t
Die 5 Erzählungen der BNr. 135
Die 21 Erzählungen der BNr. 212
Als der Krieg ausbrach
Als der Krieg zu Ende war
Keine Träne um Schmeck

<u>Will Ulrike Gnade oder freies Geleit?</u> (A)

EVZ

<u>1972</u> (10.1.) in 'Der Spiegel', Hamburg, Nr. 3.
Heinrich Böll über die Baader-Meinhof-Gruppe
und 'Bild' (Artikel vom 23.12.71) 501.1

1972 (Febr.) im Dokumentations-SBd. der BNr. 512.   501.2
1972 (März) im SBd. der BNr. 528.   . . . .   501.3

<u>Interview Peter Merseburger mit Heinrich Böll.</u>

EVR

<u>1972</u> (10.1.) Deutsches Fernsehen, NDR-Hamburg,
'Panorama'. 502.1

1972 (Febr.) im Dokumentations-SBd. der BNr. 512.   502.2

<u>Interview Axel Buchholz mit Heinrich Böll.</u>

EVR

<u>1972</u> (26.1.) Saarländischer Rundfunk, 'Zwischen heute
und morgen'. 503.1

1972 (Febr.) im Dokumentations-SBd. der BNr. 512.   503.2

<u>Interview Swantje Ehrentreich mit Heinrich Böll.</u>

EVR

<u>1972</u> (28.1.) Deutsches Fernsehen, Hessischer Rundfunk,
'Titel, Thesen, Temperamente'. 504.1

1972 (Febr.) im Dokumentations-SBd. der BNr. 512.   504.2

<u>Man muß zu weit gehen.</u> (A)

EVZ

<u>1972</u> (29./30.1.) in 'Süddeutsche Zeitung', München,
Nr. 23. Der Schriftsteller antwortet seinen
Kritikern. 505.1

1972 (Febr.) im Dokumentations-SBd. der BNr. 512.   505.2

<u>Verfolgt war nicht nur Paulus.</u> (A)

EVZ

<u>1972</u> (31.1.) in 'Der Spiegel', Hamburg, Nr. 6.
Heinrich Böll zum Böll-Kommentar Diether Possers .   506.1

1972 (Febr.) im Dokumentations-SBd. der BNr. 512.   506.2

<u>Gib Alarm!</u> (G)

EVZ

<u>1972</u> (3.2.) in 'Süddeutsche Zeitung', München.
Gedicht zum 60. Geburtstag von Ulrich Sonnemann.   507.1

1972 (Febr.) im Dokumentations-SBd. der BNr. 512.   507.2

Offenbarungseid. (A)

EVZ
1972 (4.2.) in 'Die Zeit', Hamburg, Nr. 5.
H. Böll erklärt, ob er ein Rubel-Millionär ist. . 508.1

1972 (Febr.) im Dokumentations-SBd. der BNr. 512. 508.2

Leserbrief von Heinrich Böll an die
'Süddeutsche Zeitung'.

EVZ
1972 (7.2.) in 'Süddeutsche Zeitung', München. . . . 509.1

1972 (Febr.) im Dokumentations-SBd. der BNr. 512. 509.2

"Man kann nicht sehr weit gehen." (IG)

EVZ
1972 (9.2.) in 'Die Weltwoche', Zürich. Gespräch mit
Heinrich Böll - von Markus M. Ronner. 510.1

1972 (Febr.) im Dokumentations-SBd. der BNr. 512. 510.2

Gefühle sind die "Syphilis der Seele". (IG)

EVZ
1972 (17.2.) in der Illustrierten "Stern".
Sternredakteur Paul-Heinz Koesters fragte den
Schriftsteller, warum er sich für die Baader-
Meinhof-Gruppe einsetzt. 511.1

1972 (Febr.) im Dokumentations-SBd. der BNr. 512. 511.2

Freies Geleit für Ulrike Meinhof. Ein Artikel
und seine Folgen.

EVB
1972 (Febr.) Köln: Kiepenheuer & Witsch. 192 S.
Eine Dokumentation, zusammengestellt von
Frank Grützbach. 512

I n h a l t s - Nachweis der Böll-Beiträge
BNr. 501 Seite 27 - 33
"   502 "   33 - 35
"   503 "   95 - 99
"   504 "   123 - 126
"   505 "   127 - 133
"   506 "   142 - 144
"   507 "   158
"   508 "   159 - 161
"   509 "   172 - 175
"   510 "   178 - 182
"   511 "   189 - 191
(Übriger Inhalt: Presse-Publikationen und die
Einführungs-Beiträge von Helmut Gollwitzer,
Hans G. Helms und Otto Köhler)

Erzählungen 1950 - 1970. (Sammel-Band)

I n h a l t
Das Abenteuer
Abenteuer eines Brotbeutels
Als der Krieg ausbrach
Als der Krieg zu Ende war
Anekdote zur Senkung der Arbeitsmoral
Der Bahnhof von Zimpren
Bekenntnis eines Hundefängers
Die blasse Anna
Daniel, der Gerechte
Doktor Murkes gesammeltes Schweigen
Eine Kiste für Kop
Ein Pfirsichbaum in seinem Garten stand
Der Engel
Entfernung von der Truppe
Epilog zu Stifters "Nachsommer"
Erinnerungen eines jungen Königs
Er kam als Bierfahrer
Es wird etwas geschehen
Hauptstädtisches Journal
Hier ist Tibten
Im Lande der Rujuks
Im Tal der donnernden Hufe
Keine Träne um Schmeck
Die Kirche im Dorf
Krippenfeier
Der Lacher
Mein Onkel Fred
Monolog eines Kellners
Nicht nur zur Weihnachtszeit
Die Postkarte
Schicksal einer henkellosen Tasse
So ward Abend und Morgen
Die Suche nach dem Leser
Der Tod der Elsa Baskoleit
Unberechenbare Gäste
Undines gewaltiger Vater
Die unsterbliche Theodora
Veränderungen in Staech
Die Waage der Baleks
Warum ich kurze Prosa wie Jakob Maria Hermes
     und Heinrich Knecht schreibe
Der Wegwerfer
Wie in schlechten Romanen
Der Zwerg und die Puppe

Der Lorbeer ist immer noch bitter. (KRB)
EVZ

Hülchrather Straße Nr. 7. (A)

EVZ
1972 (Juli/Sept.) Heinrich Böll über seine Straße.
In 'Köln', Vierteljahresschrift, H. III. 515.1

1972 (Nov.) in Werner Höfer: "Deutsche Nobel-
Galerie" (Von Theodor Mommsen bis Heinrich
Böll). Percha/Kempfenhausen am Starnberger
See: Verlag R.S.Schulz. 393 S.(99-110) . . . 515.2
1973 (März) im SBd. der BNr. 528. . . . . 515.3

Gewalten, die auf der Bank liegen. (RAV)

EVR
1972 (12.10.) Rede auf dem Parteitag der SPD 1972
in Dortmund. 516.1

1972 (13.10.) in 'Frankfurter Rundschau'. 516.2
1973 (März/EVB) im SBd. der BNr. 528. . . . . . 516.3

Luft in Büchsen. (A)

EVZ
1972 (Okt.) in 'Wahltag', Wahlzeitung der Sozialdemo-
kratischen Wähler-Initiative. 517.1

1973 (März/EVB) im SBd. der BNr. 528. . . . . . . 517.2

Schwierigkeiten mit Essenmarken. (KRB)

EVZ
1972 (2.12.) Über Werner Kochs Roman "See-Leben I".
In 'Nationalzeitung', Zürich. 518.1

1973 (März/EVB) im SBd. der BNr. 528. . . . . . 518.2

Rede zur Verleihung des Nobelpreises am 10.12.1972
in Stockholm.

EVR
1972 (10.12.) Tischrede beim Bankett für die Nobelpreisträger im Gyllene Salen von Stockholms
Stadshus. 519.1

1972 (11.12./EVZ) in 'Frankfurter Allgemeine
Zeitung'. 519.2
1973 (März/EVB) im SBd. der BNr. 528. . . . . . . 519.3
1973 in "Les Prix Nobel en 1972".
Stockholm: P.A.Norstedt & Söner
Copyright by the Nobel Foundation 519.4

Das tägliche Brot der Bomben. (A)

EVZ
1972 in "La provocacione", Italien. 520.1
1972 (Nov./EVB) in "Deutsche Nobel-Galerie".
Percha am Starnberger See: Verl.R.S.Schulz . 520.2
1973 (März) im SBd. der BNr. 528. . . . . 520.3

Die Würde des Menschen ist unantastbar. (A)
EVB
1972 Vorwort in "Wie links können Journalisten sein?"
Pressefreiheit und Profit.
Reinbek bei Hamburg: Rowohlt. (rororo-Tb. A 1599)   521.1
1973 (März) im SBd. der BNr. 528.   . . . .

Suchanzeigen. (A)
EVB
1972 in "Jemand der schreibt". Hrsg. Rudolf de le Roi.
München: Hanser Verlag. 522.1
1973 (März) im SBd. der BNr. 528.   . . . .   522.2

Über Willy Brandt. (A)
EVB
1972 in "Gedanken über einen Politiker" (Dieser Mann
Brandt). Hrsg. Dagobert Lindlau.
München: Kindler Verlag. 523.1
1973 (März) im SBd. der BNr. 528.   . . . .   523.2

Gedichte. (Sammel-Band)
EVB
1972 Berlin: Literarisches Colloquium. 34 S.
LCB-Edition 28.   524
      I n h a l t
      Aufforderung zum "Oho"-Sagen
      Engel
      für Peter Huchel
      Gib Alarm!
      Köln I
      Köln II
      Köln III
      Meine Muse
      später herz später

später herz später   (G)
EVB
1972 in "Gedichte", SBd. der BNr. 524.   . . . .   525.

Köln III. (G)
EVB
1972 in "Gedichte", SBd. der BNr. 524.
Spaziergang am Nachmittag des
Pfingstmontags 30. Mai 1971.   526

"The success ethic is murderous". (IG)
(Das Erfolgs-Ethos ist mörderisch)

EVZ
1973 (22.1.) Interview Bruce van Voorst's mit Heinrich
Böll am 15.1.1973. In "Newsweek", New York, vom
22.1.73 (The Washington Post Company). H. Böll
verurteilt das "Erfolgsethos" als mörderisch und
selbstzerstörerisch. 527

Neue politische und literarische Schriften. (SBd.)

EVB
1973 (März) Köln: Kiepenheuer & Witsch. 285 S.
1. - 24. Tausend. 528

I n h a l t
Annäherungsversuch
Bericht zur Lage der Nation
Georg Büchners Gegenwärtigkeit
Deutsche Meisterschaft
Dostojewski und Petersburg
Dunkel und trickreich
Einigkeit der Einzelgänger
Ein Satz aus der Geschichte: Der Ort war zufällig
Ende der Bescheidenheit
Es wird immer später
Gesichtskosmetik der Großmächte - ein teurer Spaß
Gewalten, die auf der Bank liegen
Die Heuchelei der Befreier
Hülchrather Straße Nr. 7
Leiden, Zorn und Ruhe
Der Lorbeer ist immer noch bitter
Luft in Büchsen
Die Moskauer Schuhputzer
Notstandsnotizen
Offene Antwort an die 329 tschechoslowakischen
        Schriftsteller, Intelektuellen und Künstler
Der Panzer zielte auf Kafka
Radikale für Demokratie
Rede zur Verleihung des Nobelpreises
        am 10.12.1972 in Stockholm
Schwierigkeiten mit der Brüderlichkeit
Schwierigkeiten mit Essenmarken
Suchanzeigen
Taceat Ecclesia
Das täglicheBrot der Bomben oder: Law and order
Über Willy Brandt
Über die Gegenstände der Kunst
Über Günter Eichs "Maulwürfe"
Unpassender aus der Lagernation
Die Ursachen des Troubles mit Nordirland
Die verhaftete Welt
Vorwort zur "Krebsstation"
Was ist angemessen?
(Forts. nächste Seite)

"Weh is' mir"
Wer Augen hat zu sehen, sehe!
Wilde Poesie der Flüche
Will Ulrike Meinhof Gnade oder freies Geleit?
Die Würde des Menschen ist unantastbar

Versuch über die Vernunft der Poesie.

EVR
1973 (2.5.) Nobelvorlesung in Stockholm 529.1

   1973 (3.5.) dpa-Auszug in 'Neue Osnabrücker
   Zeitung' u.d.T."Plädoyer für die Poesie" . . 529.2
   1973 in "Les Prix Nobel en 1972" (S.187-198)
   Stockholm: P.A.Norstedt & Söner
   Copyright by the Nobel Foundation 529.3

   Ü b e r s e t z u n g e n

   Englisch
   1973 in "Heinrich Böll - Nobel Prize for
   Literature 1972" u. d. T. "An Approach to
   the Rationality of Poetry" (S.10-25)
   Bonn-Bad Godesberg: Inter Nationes
   in Zusammenarbeit mit dem Verlag
   Kiepenheuer & Witsch, Köln 529.4

   Französisch
   1973 in "Heinrich Böll - Prix Nobel de
   Litterature 1972" u. d. T. "Essai sur
   la raison de la poésie" (S.11-27)
   Bonn-Bad Godesberg: Ebenda. 529.5

   Spanisch
   1973 in "Heinrich Böll - Premio Nobel de
   Literatura 1972" u. d. T. "Ensayo sobre
   la razón de la poesia" (S.12-27)
   Bonn-Bad Godesberg: Ebenda. 529.6

Die verlorene Ehre der Katharina Blum oder:
Wie Gewalt entstehen und wohin sie führen kann. (E)

EVB
1974 Köln: Kiepenheuer & Witsch. 189 S. 530.1

   Ü b e r s e t z u n g e n

   Norwegisch
   1974 "Katharina Blums tapte aere eller: Hvorledes
   vold avles og hva den kan føre till". Ü: Bendeke
   Oslo: Gyldendal Norsk Forlag. 136 S. . . . 530.2

In Vorbereitung:
Dänemark: Gyldendal / England: Secker & Warburg /
Finnland: Otava / Frankreich: Editions du Seuil /
Holland: Elsevier / Israel: Machbarot Lesifrut /
Italien: Einaudi / Japan: Simul Press / Schweden:
Bonnier / Spanien: Noguer / Türkei: Altin
Kitaplar / USA: McGraw Hill.

H. BÖLL's Werke

Welt-Auflage
8,5 Millionen
davon in der BRD
4 Millionen

H. BÖLL's Werke
in Übersetzungen
(Romane und aus-
gew. Erzählungen)
Jahreszahl=Erst-
Veröffentlichung

Sprache	Der Zug war pünktlich E/1949	Wo warst du, Adam? R/1951	Nicht nur z. Weihnachtszeit E/1952	Und sagte k. einziges Wort R/195	Haus ohne Hüter R/1954	Das Brot d. frühen Jahre E/1955	Doktor Murkes ges. Schweigen E/1955	Im Tal d. donnernden Hufe E/1957	Irisches Tagebuch En/1957	Billard um halbzehn R/1959	Als der Krieg ausbrach E/1961	Als der Krieg zu Ende war E/1962	Ansichten eines Clowns R/1963	Entfernung von d. Truppe E/1964	Ende einer Dienstfahrt E/1966	Gruppenbild mit Dame R/1971
Arabisch												69				
Armenisch																
Bulgarisch	58	55		61	63	65	68			62	68	71	66		71	72
Catalanisch (Sp.)			64	66	70	67		64		65	70	70	64	65	68	73
Dänisch	56	55	57	56	57	57	61	66	67	61	66	65	65	67	68	
Englisch				63									68			
Estnisch																72
Farsi (Iran)																
Finnisch	54	65	62	54	55	62	62	60	69	60	66	66	64	66	68	72
Französisch		56	58	54	55	62	56	66		61	68	68	64	66	68	73
Georgisch																72
Griechisch					64		64				66		66			
Hebräisch													71			73
Indien +)												(+)				
Italienisch	58	67	62	55	57	61	64	60	61	62	68	68	65	65	66	72
Japanisch	56	57	58		57	57		65		65	70	70	63	65	70	73
Lettisch												66	64		69	
Litauisch			59	56	64	57	60	64			66	66	68	70	69	
Makedonisch													66			
Niederländisch	64	58	58	53	55	57	58	58	58	60	68	68	63	65	66	72
Norwegisch	60	56	59	57	57	57	70	70		60	70	70	64	70	70	72
Polnisch	55	57	59	56	57	57	59	64		61	66	66	68		69	73
Portugiesisch				59	64	60	60			66			68			
Rumänisch					65	58	59			66			64			
Russisch	58		58	57	60	58	60	64	64	61	65	65	64	66	66	72
Schwedisch	63			54	56	57				61			64	69	68	72.
Serbokroatisch				65	57					61			66			
Slowakisch					61			66		62		69			69	73
Slowenisch	55	58	63	56	59	61	63	64	65	61	67	67	66		68	72
Spanisch	59	61		58	61	71	59	64	65	62	64	64	65	64	68	
Tschechisch	67	66		56	71	67	59			62	64	66	68	66	68	73
Türkisch					58	69	69									
Ukrainisch																
Ungarisch	65	57	65	70	59	69	64	64	63	61	71	71		66	68	73

+) 7 übers. in Indien: +) bengali 67, gujarati 70, hindi 67, marathi 68, tamili 68, telegu 67.
++) Malayalam 65.

A n h a n g
zur Heinrich-Böll-Bibliographie

Annemarie und Heinrich Böll als Übersetzer

Behan, Brendan

"Die Geisel" (The hostage / T.).
Aus dem Englischen von A. u. H. Böll.
Köln: Kiepenheuer & Witsch 1958/59. 95 S.(Bühnenmanuskr.)
Uraufführung in Ulm: 27.10.1961.

"Der Mann von morgen früh" (The square fellow / T.).
Aus dem Englischen von A. u. H. Böll.
Köln: Kiepenheuer & Witsch 1958/59. 110 S.(Bühnenmanuskr.)
Aufführung im Schiller-Theater, Berlin.

"Ein Gutshaus in Irland" (The big house / T.)
Aus dem Englischen von A. u. H. Böll.
Zusammen mit "Die Geisel" und "Der Mann von morgen früh"
u.d.T. "Stücke fürs Theater" bei
Neuwied: Luchterhand 1962. 206 S.

"Der Spanner" (The scarperer / R.)
Aus dem Englischen von A. u. H. Böll.
Köln: Kiepenheuer & Witsch 1966. 201 S.
München: Deutscher Taschenbuch Verlag 1968. 132 S.
Berlin: Volk und Welt 1969. 153 S.

"Der Umzug. Eine Gartenparty." (Zwei Kurzhörspiele)
Aus dem Englischen von A. u. H. Böll.
Erstsendung: NDR Hamburg am 7.8.1968.

Cicellis, Kay

"Kein Name bei den Leuten" (No name in the street / R.)
Aus dem Englischen von A. u. H. Böll.
Köln: Kiepenheuer & Witsch 1953. 256 S.
Zürich: Atrium-Verlag 1953. 257 S.

"Tod einer Stadt" (Death of a town / E.)
Aus dem Englischen von A. u. H. Böll
Köln: Kiepenheuer & Witsch 1956. 115 S.

Dillon, Eilis

"Die Insel der Pferde" (The island of horses / Prosa)
Aus dem Englischen von A. u. H. Böll.
Freiburg i.Br.: Herder 1964. 188 S.
Berlin: Verlag Neues Leben 1966.
Reinbek b. Hamburg: Rowohlt 1969. 139 S. (rororo-Tb.1202)

"Die Insel des großen John" (The coriander / Prosa)
Aus dem Engl. von A. Böll. Ill.: A. Kronheim-Aigner
Freiburg i.Br.: Herder 1966. 223 S.
Berlin: Verlag Neues Leben 1968. 231 S.

illon, Eilis

"Die schwarzen Füchse" (A family of foxes / Prosa)
Aus dem Engl. von A. Böll. Ill.: Ulrik Schramm.
Freiburg i.Br.: Herder 1967. 154 S.

"Die Irrfahrt der Santa Maria" (The cruise of the Santa Maria)
Aus dem Engl. von A. Böll. Ill.: Nikolaus Plump.
Freiburg i.Br.: Herder 1968. 222 S.

"Die Springflut" (The sea wall / Prosa)
Aus dem Engl. von A. Böll. Ill.: Nikolaus Plump.
Freiburg i.Br.: Herder 1969. 186 S.

"Seehunde SOS" (The seals / Prosa)
Aus dem Engl. von A. Böll. Ill.: Nikolaus Plump.
Freiburg i.Br.: Herder 1970. 143 S.

organ, Paul

"Weihnachtsabend in San Cristobal"
(The saintmaker's Christmas eve / E.)
Aus dem Amerikanischen von A. u. H. Böll.
Olten, Freiburg i.Br.: Walter 1956. 108 S.
Zürich: Verlag Die Arche 1970.64 S.

"Der Teufel in der Wüste" (The devil in the desert / Prosa)
Aus dem Amerikanischen von A. u. H. Böll.
Olten, Freiburg i.Br.: Walter 1958. 71 S.

"Eine Rose zur Weihnachtszeit" (One red rose for Christmas / E.)
Aus dem Amerikanischen von A. u. H. Böll.
Olten, Freiburg i.Br.: Walter 1960. 87 S.
Zürich: Verlag Die Arche 1969. 64 S.

Malamud, Bernard

"Der Gehilfe" (The assistant / Prosa)
Aus dem Amerikanischen von A. u. H. Böll.
Köln: Kiepenheuer & Witsch 1960. 298 S.

"Das Zauberfaß" (The magic barrel / En.)
Aus dem Amerikanischen von A. Böll.
Köln: Kiepenheuer & Witsch 1962. 256 S.

Moody, Anne

"Erwachen in Mississippi" (Coming of age in Mississippi)
Aus dem Amerikanischen von A. Böll. Eine Autobiographie.
Vorwort von Heinrich Böll.
Frankfurt: S. Fischer 1970. X, 378 S.

Morriën, Adriaan

"Ein unordentlicher Mensch" (Een slordig mens / En.)
Aus dem Niederland.v.G.Goyert, W.Bächler u. H.Böll.
München: Biederstein 1955. 216 S.

O'Brien, Flann (d.i. Brian O'Nolan)

"Das harte Leben" (The hard life / R.)
Aus dem Englischen von A. u. H. Böll.
Hamburg: Nannen 1966. 161 S.

O'Crohan, Tomás

"Die Boote fahren nicht mehr aus. Bericht eines
Fischers". (The Islandman / Prosa)
Aus dem Englischen von A. u. H. Böll.
Olten, Freiburg i.Br.: Walter 1960. 363 S.

Salinger, Jerome David

"Kurz vor dem Krieg gegen die Eskimos". 4 Erzählungen.
(Just before the war with the Eskimos. The laughing man.
De Daumier-Smith's blue period. Uncle Wiggily in Connecticu
Aus dem Amerikanischen (Erz.1-3) von A. u. H. Böll,
(Erz.4) von Elisabeth Schnack.
Köln: Kiepenheuer & Witsch 1961. 157 S.

"Der Fänger im Roggen" (The catcher in the rye / R.)
Aus dem Amerikan. nach der 1.Übers.v.1954
überarbeitet von Heinrich Böll.
Köln: Kiepenheuer & Witsch 1962. 274 S.
Leipzig: Reclam 1970. 260 S.

"Franny und Zooey" (Franny and Zooey / Prosa)
Aus dem Amerikanischen von A. u. H. Böll.
Köln: Kiepenheuer & Witsch 1963. 242 S.
Reinbek b. Hamburg: Rowohlt 1967. 123 S. (rororo-Tb. 906)

"Hebt den Dachbalken hoch, Zimmerleute. Seymour wird
vorgestellt" (Raise high the roof beam, carpenters.
Seymour, an introduction. / Prosa)
Aus dem Amerikanischen von A. u. H. Böll.
Köln: Kiepenheuer & Witsch 1965. 249 S.
Reinbek b. Hamburg: Rowohlt 1968. 135 S. (rororo-Tb.1015)

"Neun Erzählungen" (Nine stories).
Aus dem Amerikan. v. E. Schnack, A. u. H. Böll.
Köln: Kiepenheuer & Witsch 1966. 268 S.
Reinbek b. Hamburg: Rowohlt 1968. (rororo-Tb. 1069)

Shaw, George Bernard

"Caesar und Cleopatra" (Caesar and Cleopatra. / T.)
Deutsch von Annemarie und Heinrich Böll.
Frankfurt: Suhrkamp 1965. 163 S. (Edit. Suhrkamp 102)
Erstaufführung: Düsseldorfer Schauspielhaus, Dez. 1964

"Candida. Der Kaiser von Amerika. Mensch und Übermensch."
Drei politische Komödien. Neu übers. v. A. u. H. Böll.
Frankfurt: Suhrkamp-Theater-Verlag 1970.
Erstaufführung "Candida" Städt. Bühnen Frankfurt,30.4.1971.
"Mensch und Übermensch" aufgef. in Göttingen u. Zürich.

Synge, John M.

"Ein wahrer Held" (The playboy of the western world./T.)
Aus dem Englischen von A. u. H. Böll.
Berlin: Kiepenheuer & Witsch 1960. 80 S. (Bühnenmanuskr.)
In "Theatrum mundi". Frankfurt: S. Fischer 1960. 362 S.
Erstaufführung: Städtische Bühnen Köln am 11.3.1960.

White, Patrick

"Zur Ruhe kam der Baum des Menschen nie"
(The tree of man. / Prosa)
Aus dem Englischen von Annemarie und Heinrich Böll.
Köln: Kiepenheuer & Witsch 1957. 536 S.

Berichtigung

Alle selbständig bibliographierten Inhalts-Titel
aus dem Sammel-Band

   "Heinrich Böll 1947 bis 1951 -
    Wo warst du, Adam? und Erzählungen" (1963)

führen im Abschnitt der Nachdrucke u.a. auch die zu
diesem SBd. gehörende BNr. 244 (vergl. BNr. 2.8, 4.5
usw.). Sie ist zu ergänzen durch die nachfolgenden
BNrn.: 320 (1966), 321 (1966), 346 (1967), 347 (1967),
382 (1968). Diese BNrn. gehören zu den Lizenzausgaben
des o.a. Sammel-Bandes und wurden a.a.O. übersehen.

Alle selbständig bibliographierten Inhalts-Titel
aus dem Sammel-Band

   "Aufsätze. Kritiken. Reden." (1967)

führen im Abschnitt der Nachdrucke u.a. auch die zu
diesem SBd. gehörende BNr. 350 (vergl. BNr. 257.5
usw.). Sie ist zu ergänzen durch die nachfolgenden
BNrn.: 425 (1969), 426 (1969). Diese BNrn. gehören
zu den Lizenzausgaben des o.a. Sammel-Bandes und
wurden a.a.O. übersehen.